*¡Detente y considera los maravillosos milagros de Dios!*
—Job 37:14, NTV

AMANDA DYKES

# UN MUNDO LLENO DE MARAVILLAS

50 aventuras prácticas para que
los niños descubran la creación de Dios

A menos que se indique lo contrario, las citas de la Escritura son tomadas de la Santa Biblia, Reina Valera Contemporánea® © Sociedades Bíblicas Unidas, 2009, 2011. Las citas de la Escritura marcadas (NTV) son tomadas de la Santa Biblia Nueva Traducción Viviente, © Tyndale House Foundation, 2010. Usadas con permiso de Todos los derechos reservados. Las citas de la Escritura marcadas (NVI) son tomadas de la Santa Biblia, Nueva Versión Internacional® NVI® © 1999, 2015, 2022 por Biblica, Inc.® Usado con permiso de Biblica, Inc.® Reservados todos los derechos en todo el mundo. Las citas de la Escritura marcadas (NBLA) son tomadas de la Nueva Biblia de las Américas™ NBLA™ Copyright © 2005 por The Lockman Foundation. Derechos reservados. Las citas de la Escritura marcadas (RVR-60) son tomadas de la Santa Biblia versión Reina-Valera 1960 ® © Sociedades Bíblicas en América Latina, 1960. Renovado © Sociedades Bíblicas Unidas, 1988. Utilizado con permiso.

**UN MUNDO LLENO DE MARAVILLAS**
50 aventuras prácticas para que los niños descubran la creación de Dios

Originalmente publicado en inglés en 2025 bajo el título
*A Pocketful of Wonder*
*50 Hands-on Adventures for Kids to Discover God's Creation*
por Bethany House Publishers, una división de Baker Publishing Group,
Minneapolis, Minnesota, U.S.A.


Traducción al español por Belmonte Traductores
www.belmontetraductores.com

Edición: Henry Tejada Portales

ISBN: 979-8-88769-477-1
eBook ISBN: 979-8-88769-478-8
Impreso en los Estados Unidos de América


Whitaker House
1030 Hunt Valley Circle
New Kensington, PA 15068
www.espanolwh.com

Por favor, envíe sugerencias sobre este libro a: comentarios@whitakerhouse.com.


1 2 3 4 5 6 7 8 9 10 11 LSI 32 31 30 29 28 27 26 25

*Para Bella, Isaiah, Jack y Liam.*

*Ustedes son mi mayor aventura.*

*Que las maravillas fortalezcan sus corazones en los años venideros,*
*y les acerquen siempre al corazón*
*de Aquel que lo creó todo…*
*y que los creó a ustedes.*

*Les amaré siempre.*

# Índice

## POR EL CAMINO



## ESTACIONES



## DÍA



## NOCHE



## FINAL DEL VIAJE... POR AHORA

# INTRODUCCIÓN PARA LOS CUIDADORES

*En una tierra llena de maravillas sacadas de un cuento…*

Los océanos se elevan hasta el cielo en forma de nubes. Milagrosas montañas suspendidas en el aire, que pesan toneladas y aun así cobijan en lugar de aplastarnos.

Una estrella ardiente lanza rayos, enviando cada uno en un viaje de 150 millones de kilómetros, pasando velozmente junto a meteoritos, rozando polvo estelar y estrechos helados… para aterrizar después de tan solo unos minutos en la calidez de la mano de un niño, dentro de un rayo de sol.

Y luego está la gobernante plateada de la noche. Dirigiendo las sombras, brillando más que estrellas distantes, aunque sin contener luz propia, y atrayendo océanos enteros en mareas ascendentes.

Océanos voladores… luz estelar veloz… olas plateadas van de un lado a otro… la belleza de este mundo es excesiva, exuberante, sobrecogedora, a veces incluso fantástica. Sin embargo, lo más asombroso de este mundo es que es el lienzo viviente del Dios Altísimo, quien cada día pinta su amor por nosotros en puestas de sol deslumbrantes, en el beso de una brisa, en una carcajada inesperada, o en el baile de una diminuta sombrilla lanzada desde un diente de león. Estas creaciones cantan constantemente el canto de su Creador. Uno que es poderoso. Amoroso. Bondadoso. Creativo. Brillante. Presente. Más fiel que el amanecer, más constante que la marea.

A medida que invitamos a los niños bajo nuestro cuidado a interactuar con la obra de Dios, llegarán a conocerlo a Él y a su amor por ellos de manera más verdadera y profunda, mientras desarrollan el hábito de maravillarse, que fortalece y moldea sus corazones para toda la vida.

La creación es una carta de amor para cada uno de nosotros. "Un día transmite el mensaje al otro día" (Salmos 19:2, NVI), llenando nuestros corazones del valor, el consuelo y la esperanza que provienen de tomarse el tiempo para meditar en este pensamiento:

*Si Dios puede hacer esto… ¡puede hacer cualquier cosa!*

# CÓMO USAR ESTE LIBRO

Cada página contiene cinco elementos. Esta simplicidad es intencional: te ofrece un espacio tranquilo donde te maravilles junto con los niños a tu cuidado. Aunque está dirigida a aventureros de entre 3 y 7 años, la rima cautivadora interesará incluso a los más pequeños, y las actividades y reflexiones también invitan a niños mayores.

Pasa las páginas o revisa el índice para familiarizarte con los temas. Entonces, cuando surja un momento oportuno durante una salida o en tu vida diaria, regresa a la entrada correspondiente y sumérgete. ¡Eso es todo! De verdad.

El propósito de cada entrada es ampliar el momento, no sobrecargarlo. Reconocer que el verdadero regalo está en el momento mismo, y en dirigir nuestros corazones hacia nuestro Creador.

## CINCO ACTIVIDADES: PAUSA, PIENSA, ORA, JUEGA, COMPLEMENTA

### *Pausa*

Un poema para envolver el momento con un lenguaje lleno de deleite, poniendo palabras a algo que tú y tus pequeños vean o esperen ver, ya sea desde la ventana o en el parque, sendero, patio o vecindario.

### *Piensa*

Unas cuantas líneas sencillas para fomentar el pensamiento e invitar a tu hijo a presenciar el milagro cotidiano que está ocurriendo; y luego dejar amplio espacio para que él observe, charle, y note por sí mismo.

***Ora***

Una oración para que los efectos duraderos de este momento echen raíces profundas.

***Juega***

Una actividad práctica sin preparación o con preparación mínima, para involucrar el corazón, la imaginación, el cuerpo y el espíritu de tu hijo.

***Complementa***

Una pieza musical sugerida para reproducir como fondo durante la actividad para un deleite multisensorial. Cada pieza ha sido seleccionada por el modo en que su tono refleja el tema.

*Consejo*: Dado que la música y los poemas suelen tener ritmos diferentes, evita reproducir la canción durante la lectura del poema; mejor disfrútala después. Puedes encontrar una lista de reproducción ya preparada en WonderWoodAdventures.com.

Cada entrada finaliza con un pasaje bíblico relacionado para anclar el momento en la verdad más hermosa de todas.

## PERSONALIZACIÓN PARA LA ACCESIBILIDAD, ETAPAS DEL DESARROLLO, HORARIOS Y MÁS

Piensa en cada entrada como una lista de *deleites,* no como una lista de *tareas*. Usa solo lo que funcione mejor para ti.

Si alguna parte de la entrada no se ajusta a tus necesidades, omite esas líneas y usa el resto. Por ejemplo, en un día en que no haya espacio para un poco de desorden adicional, puedes saltarte la invitación a chapotear en un charco.

Teniendo en cuenta los distintos niveles de comodidad con las experiencias sensoriales, algunas entradas que implican elementos más "rústicos" (como tocar una pluma de ave) ofrecen una actividad práctica así como una alternativa sin contacto.

El asombro adquiere muchas formas, y las actividades ofrecidas intentan ser accesibles para personas de todas las habilidades. En algunos casos se proporciona una redacción alternativa con la esperanza de incluir a niños que navegan por la vida sin vista, sin oído, o con capacidades físicas diferentes. Nadie conoce a tu hijo mejor que tú, y se alientan de todo corazón las modificaciones adicionales para satisfacer sus necesidades únicas y hermosas.

## KIT DE AVENTURA

Aunque muchas actividades solo requieren los materiales disponibles en el momento (¡sin preparación!), contar con los siguientes suministros a mano en un kit de aventura portátil ampliará tus posibilidades:

- Crayones
- Cuaderno de espiral con hojas sin rayas para el diario de naturaleza de cada niño
- Cuerda básica o madeja de estambre
- Tijeras seguras para niños dentro de un estuche rígido
- Un rollo de cinta "masking" (cinta de enmascarar)
- Un pegamento en barra
- Tizas
- Un set de acuarelas con pinceles
- Un recipiente con tapa que puedas llenar con agua para pintar con acuarela
- Un pequeño rociador con agua

- Una lupa
- Prismáticos
- Arcilla para moldear
- Toallitas limpiadoras o desinfectante de manos
- Manta de picnic para sentarse al aire libre

Crea un lugar en casa para guardar los tesoros recolectados durante los paseos. Algunas opciones incluyen:

- **Guirnalda de maravillas:** un trozo de cuerda colgado en una pared, repisa, ventana u otro lugar, con pequeñas pinzas para colgar hojas, flores secas o prensadas, ramitas, etc.
- **Frasco de maravillas:** similar a la guirnalda, pero colocando tus tesoros recolectados dentro de un frasco grande. Se convierte en un centro de mesa o tema divertido de conversación. Nosotros mantenemos el nuestro en un estante cerca de los libros infantiles para que puedan verlo y recordar sus salidas con frecuencia.
- **Prensadora de flores/hojas** (o papel encerado y libros pesados).
- **Portafolio** (carpeta, archivador tipo acordeón o caja de recuerdos) para conservar obras de arte maravillosas.

*Consejo*: comienza tu kit de aventura con solo algunos elementos básicos. Luego, cuando busques regalos para próximas festividades, elige algunos de los artículos más grandes para ampliar ese kit de aventura con el tiempo y ayudar a que se convierta en algo muy especial. Armarlo así puede ayudar a tu hijo a disfrutar y explorar más profundamente cada artículo, en lugar de darle todo el tesoro oculto de una sola vez.

# COMIENZA LA AVENTURA

## PAUSA

*Un viaje te está esperando,*
*con maravillas e ideas jugando.*
*El cielo será tu techo,*
*y sentirás en tu pecho*
*¡que la aventura ya viene llegando!*

*Hoy muchas dichas verás,*
*tesoros que luz a tu camino traerán.*
*Estas vistas y esta historia,*
*con toda su gloria*
*muestran milagros que no faltarán.*

*Al dar un paso fuera al andar,*
*mil sorpresas podrías encontrar.*
*Un bicho, una nube en su andar,*
*sonidos que vienen y van,*
*¡y pensamientos que nos hacen volar!*

## PIENSA

¿Sabías que Dios sabe exactamente dónde estarías hoy? Él sabe lo que estamos a punto de explorar, y hay muchas maravillas por descubrir... ¡cosas que —cuando Él las creó— sabía que un día tú las estarías mirando! La Palabra de Dios promete que estará con nosotros dondequiera que vayamos. Estará con nosotros en cada paso del camino en nuestra aventura de hoy.

## ORA

Gracias, Señor, por hacer este mundo para que lo exploremos. Al comenzar nuestra aventura hoy, guárdanos por favor, y ayúdanos a observar las cosas que tú creaste: aves que vuelan, insectos que avanzan, el clima en el cielo, la gente que pasa... tú creaste todo, y también a nosotros. Gracias por tu buena creación, ¡y por amarnos!

## JUEGA

### *Cosas favoritas*

Para ayudar a crear una sensación de expectación y anticipación, aquí tienes algunas preguntas antes de comenzar tu viaje:

1. "¿Qué esperas ver/oír/experimentar hoy?". Habla con ellos sobre sus esperanzas y deseos, y diviértanse con la conversación.
2. Diles a los niños que estén atentos para encontrar su cosa *favorita,* ya sea algo que vean, oigan, sientan o aprendan. Di: "Cuando regresemos, ¡tendremos que decir qué fue nuestra cosa favorita!". Esto hace que los aventureros sueñen y tengan esperanza, pero también que estén atentos a experiencias sorprendentes con las que ni siquiera habían soñado.
3. En el viaje de regreso, di: "¡Tiempo para las cosas favoritas!". Hablen sobre lo que cada uno recuerda y por qué. Haz preguntas de seguimiento, y enséñales a hacer lo mismo. Por ejemplo, si un niño dice: "A mí me gustó la lupa", podrías seguir diciendo: "Eso fue muy divertido de ver, ¿cierto? ¿Me puedes decir qué es lo que más te gustó de ella?". Busca más ejemplos de Preguntas de

Curiosidad en la sección Recursos Adicionales al final de este libro.

## COMPLEMENTA

Sonata n.º 48 en do mayor,
Hob. XVI:35: I. Allegro con brio
Joseph Haydn

*Ustedes saldrán con alegría, y volverán en paz.*
Isaías 55:12

*Este poema puede usarse al inicio de tu primera aventura, o al comienzo de varias (o de todas). La repetición puede ofrecer un sentido de familiaridad, pertenencia y tradición.*

# CIELO

# SOL

## PAUSA

*El sol derrama su fulgor,*
*los rayos juegan sin temor.*
*Yo cierro el ojo y alzo mi ser,*
*y dejo al sol en mí correr.*

*La noche vino sin hablar,*
*su manto oscuro al fin se va.*
*Y del espacio sin final,*
*la luz me vino a despertar.*

*Llega a la tierra y da calor,*
*se funde el hielo al ver su don.*
*El aire vibra con su voz,*
*y el mar resuena en su tambor.*

## PIENSA

La luz del sol que ahora sientes en tu piel ¡salió de la superficie del sol hace solo unos minutos! De verdad venía volando por el espacio exterior, pasando meteoritos, planetas y polvo de estrellas, antes de aterrizar en ti justo ahora. ¿No es maravilloso? Si alguna vez te sientes triste, busca un rayo de sol que puedas ver y piensa: *Si Dios puede lanzar luz desde una estrella hasta aquí, justo hasta mí en este momento, para mantenerme caliente y darme luz... entonces Él puede hacer cualquier cosa.*

## ORA

Señor, cuando creaste el mundo, las primeras palabras que salieron de tu boca fueron "¡Que haya luz!" (Génesis 1:3, NVI). La luz es importante para ti, y tú nos las diste para hacer cosas maravillosas con ella. Cuando hacemos cosas en la luz, oramos para que eso ayude a otros y te dé honor a ti. Muéstranos cómo te gustaría que usáramos la luz hoy. ¡Y gracias, Señor, por el regalo de la luz!

## JUEGA

### *Fiesta de bienvenida a los rayos solares*

Para ayudar a los niños a comprender tanto la cercanía como la distancia de la fuente de nuestra luz, haz una "fiesta de bienvenida" improvisada para esos rayos del sol. Saca ollas, cucharas de madera, trompetas de juguete u otros instrumentos ruidosos y divertidos. Pon un temporizador de ocho minutos y veinte segundos. Diles a los niños que ese es el tiempo que tarda la luz del sol en viajar desde el sol hasta nosotros. Conversen sobre algunas de las cosas que hay entre nosotros y el sol: lugares tan fríos que casi llegan al cero absoluto, donde todo movimiento se detiene. Meteoritos, planetas, oscuridad: los rayos de luz atraviesan todo eso.

Inicien el temporizador juntos y hagan algo relacionado para llenar el tiempo, quizás colorear un cartel que diga "¡Bienvenidos, rayos de sol!", o cortar papelitos de colores para hacer confeti. Cuando suene el temporizador, los niños estallan en vítores, golpean ollas, lanzan confeti y levantan sus carteles. Puedes explicarles que la luz del sol no está viva ni puede entender lo que hacemos, pero aun así podemos estar emocionados de recibir una creación de Dios, que Él hizo para viajar milagrosamente por los confines del espacio solo para llegar hasta nosotros, iluminarnos la vida, darnos calor, ayudar a que las plantas crezcan, y nutrir nuestros cuerpos (vitamina D). Podemos darle gracias por proveer de forma tan poderosa y milagrosa. Que los niños jueguen, salten bajo los rayos de sol, y disfruten el hecho de que algo que hace solo unos momentos estaba rozando meteoritos y polvo de estrellas, ahora está cayendo justo sobre ellos.

## COMPLEMENTA

"Polka Italienne"
Sergei Rachmaninoff

*[Den gracias porque] El Señor formó las grandes lumbreras.*
*¡Su misericordia permanece para siempre!*
*El Señor hizo el sol para dominar en el día.*
Salmos 136:7-8

*Este poema está escrito en* **tetrámetro yámbico.**

*Para probar este ritmo divertido en un poema propio, usa esta cadencia y longitud para cada línea:*

**ba-DUM ba-DUM ba-DUM ba-DUM**

# VIENTO

## PAUSA

*¡Ahí viene!*
*Tambores resonando*
*en los muros de cada edificio,*
*como el chocar, y salpicar, y reventar*
*de las olas del mar (¡fiu, fiu!).*

*¡Es el viento!*
*Ráfaga poderosa*
*que da volteretas sobre montañas rocosas,*
*con un torbellino-apresurado-desesperado*
*que revuelve la tierra (¡suush, suush!).*

*Gira y se arremolina,*
*se enrolla y se desenrolla,*
*va, sopla, se frena,*
*y luego descansa*
*(shhh…).*

*¡Ahora se levanta!*
*¡Regresa otra vez!*
*Como un acertijo que da vueltas,*
*es un salto, un zapateo, una oportunidad*
*para hacer que las cosas puedan volar (¡ay, ay, ay…!).*

*Aquí hay un aullido,*
*¿será un gruñido?*
*Es un estallido, un soplido, una bestia,*

*¿o quizás una carcajada de fiesta?*
*¡lluvia de confeti! (¡cuidado!).*

*Silba y susurra,*
*cruje y se alborota,*
*construye, crece, se nota,*
*y luego suspira*
*(ah…).*

*Ahora una brisa*
*se mueve y va de prisa,*
*con un galope y un brinco,*
*un clac, una bajada, un tropiezo.*
*Aún falta camino para emprender el regreso.*
*(¡vamo' allá!).*

*Entonces da golpecitos,*
*sopla en las rendijas,*
*lanza diamantes por el cielo*
*con un resoplido, un roce, un aire de hielo*
*desempacando el frío (¡brrr…!).*

*Y el viento,*
*esa salvaje criatura,*
*se calma, con una tranquilidad que dura,*
*cuando* ***susurra****, susurra, susurra*
*cosas muy suaves (shhh, shhh…).*

## PIENSA

Es divertido imaginar que el viento que te despeina ya ha pasado por techos, montañas, copas de árboles y mucho más, ¡y que ahora está yendo a otros lugares también! ¡El viento puede sentirse muy poderoso! Pero con solo estar ahí, siendo tú, firme, cambias el curso del viento. Dios te usa para marcar una gran diferencia, ¡incluso en medio del torbellino de cosas poderosas!

## ORA

Dios, aunque el viento es invisible, cambia la tierra de muchas maneras. Gracias porque tú también eres así: puedes mover montañas aunque no te veamos. Por favor, ayúdanos a crecer en fe y confianza en ti... ¡y gracias por el viento!

## JUEGA

***Volar una cometa***

Lleva una cometa a un lugar abierto y diviértanse jugando con el viento. Ayuda a tus hijos a sentirse personalmente conectados a la actividad:

- Invítalos a ayudarte a armar la cometa. Guíalos según su edad.
- Dales marcadores permanentes para que dibujen una imagen de sí mismos y escriban su nombre en la cometa. Para los más pequeños, traza el contorno de su mano. Diles: "¡Esto significa que tu nombre (o dibujo) va a estar allá arriba, volando! ¿Cuánto crees que llegarás 'tú' de alto?".
- Ayúdalos a volar la cometa. Según las condiciones del viento y cuán difícil sea levantarla, puedes lanzarla tú y luego pasársela, quedándote cerca para ayudarlos a jalar o dirigir la cometa según sea necesario.

## COMPLEMENTA

*Maskarad (Mascarada): I. Vals*
Aram Khachaturian

*¡Aquí está el que forma los montes!*
*¡Aquí está el creador del viento!*
*El que nos da a conocer sus planes,*
*el que convierte en luz las tinieblas,*
*el que recorre las alturas de la tierra!*
*¡Su nombre es el Señor, Dios de los ejércitos!*
Amós 4:13

# NUBES

## PAUSA

*Brontosaurios ondeando,*
*cerditos paseando,*
*desfile de nubes,*
*charada de nubes,*
*¡copas de árboles danzando!*

*Copas de árboles flotando,*
*nubes suaves avanzando,*
*paso a paso en el andar,*
*un gran viaje por el lugar.*

*Montes se alzan rodando,*
*nieblas suaves flotando.*
*Bellezas al aire,*
*brisas por el paisaje,*
*¡y gatos con capas saltando!*

*Sombras que suben, cambian de lugar,*
*tejiendo la luz al pasar.*
*Juegan con el atardecer,*
*¡y todo lo hacen encender!*

*Océanos que se mueven,*
*Colores tan cautivadores,*
*¡el cielo se hace escenario*
*para todas las edades*
*de un arte extraordinario!*

## PIENSA

Las nubes están hechas de diminutas gotitas de agua, como el vapor que sale de una tetera, flotando hacia el aire. Aunque esa tetera era pesada cuando la llenaste en el fregadero, ¡parte de esa misma agua ahora está volando, como si fuera tan ligera como el aire!

Podemos pensar en las nubes también como agua voladora. Hay tanta agua allá arriba, que podrías llamarlo un océano en el cielo. Aunque toda esa agua es pesada, cuando está dividida en esas pequeñas partes que forman las nubes estamos a salvo. De hecho, a veces esas nubes, esos océanos voladores, nos ayudan a protegernos de cosas como las quemaduras del sol.

¿Alguna vez has visto cómo la luz rebota y se desliza en la superficie de un arroyo cuando el agua se mueve? Mira esas nubes y piensa: esas nubes también están hechas de agua. ¿Puedes imaginar todo lo que está haciendo la luz del sol allá arriba sobre esas nubes ahora mismo? Deslizándose de un lado a otro, rebotando y reflejándose en colinas, árboles y montañas, creando sombras aquí abajo. ¡Debe ser muy divertido ser un rayo de sol en una nube!

## ORA

Dios, ayúdanos a observar los milagros de las nubes. Recuérdanos ver cómo nos muestran que tú eres poderoso y bueno, creativo y bondadoso.

## JUEGA

Recuéstate sobre la hierba suave o una manta de picnic y observa las nubes por un rato. Señala lo que ves, cómo se mueven las formas, y maravíllate de que la escena que tienes frente a ti es una mezcla de viento, luz y mar volador... ¡y es un espectáculo único en la vida! Nadie volverá a ver exactamente esta misma imagen otra vez.

*Juegos de nubes*

- **Búsqueda del tesoro:** di: "¡Veamos quién encuentra una nube o un pedazo de cielo azul que parezca un animal!" o "¿Alguien ve una nube cerca de un árbol? ¿Y una nube que se esté moviendo?".
- **Charada:** invita a los niños a elegir una criatura, quizás una que hayan visto en las nubes, y que la actúen mientras tú tratas de adivinar cuál es.

## COMPLEMENTA

*Paquita:* Variación 5. Allegro non troppo (de Cherepnin)
Léon Fyodorovich Minkus

*En sus nubes envuelve las aguas,*
*pero las nubes no se revientan con su peso.*
Job 26:8, NVI

# TRUENO

## PAUSA

*Si el ruido te levantara*
*y pudiera hacerte volar,*
*sería el trueno potente*
*retumbando sin parar.*

*Te lanzaría alto al cielo*
*por montañas y arroyuelos,*
*saltando en ondas brillantes*
*como nubes que te ofrecen vuelos.*

*Montado en su estruendo fuerte*
*surcarías su canción,*
*temblando en su melodía*
*como un tambor de emoción.*

*Verías copas de árboles,*
*brincarías sobre cimas de montes,*
*te posarías en tejados*
*jugando con mil horizontes.*

*Así que, si el trueno ruge*
*y estás seguro en tu hogar,*
*cierra los ojos y sueña*
*tu aventura celestial.*

## PIENSA

Cuando estamos a salvo y calentitos dentro de la casa durante una tormenta, es divertido imaginar cómo sería montar ese sonido retumbante. No te preocupes: el trueno no puede levantarnos *de verdad*. Pero sí que es asombroso que algo tan alto en el cielo pueda retumbar en el aire, ¡a veces tan fuerte que podemos sentirlo! Ese trueno llega después de un relámpago, que calienta *muchísimo* el aire a su alrededor, y esas partículas de aire comienzan a moverse y chocan entre sí, produciendo ese gran ruido. ¡Es como si el cielo cantara un canto después de lanzar su luz!

## ORA

Dios, el trueno se siente tan poderoso... ¡pero tú eres aún más fuerte! Tu Palabra nos dice que tú eres "más poderoso que el estruendo de las grandes aguas", y eso incluye también esas pequeñas gotas y pedacitos de hielo en las nubes que se mueven y hacen todo ese ruido. Gracias porque el trueno nos puede recordar cuán poderoso eres tú, y que ese poder siempre viene envuelto en tu amor.

## JUEGA

***Rayuela de truenos***

Con cinta adhesiva que puedas quitar fácilmente, haz las casillas de rayuela en el piso de la casa. Cuando comience el trueno, los niños saltan y comprueban qué tan lejos pueden llegar hasta que el trueno termine. Dejan una marca donde llegaron y tratan de superar esa marca en el siguiente trueno.

***Pintura de trueno***

Usando acuarelas, invita a los niños a pintar lo que oyen o ven durante la tormenta. Para agregar un toque especial, pon un vaso afuera para recolectar agua de lluvia, y después pueden usar esa agua para pintar su escena. Asómbrense juntos al pensar que esa agua estaba en las nubes hace solo unos minutos, ¡allá arriba en el cielo! Hablen sobre cómo las gotas quizás pasaron justo por el trueno... ¡y ahora tienen esas gotas de agua en sus manos, creando algo hermoso!

## COMPLEMENTA

Para igualar la intensidad del trueno:

*Palladio:* I. Allegretto
Karl Jenkins

Para suavizar el trueno con consuelo:

Sonata para violonchelo n.º 3 en la mayor, Op. 69:
III. Adagio cantabile
Ludwig van Beethoven

*Pero el Señor, en las alturas, se muestra poderoso:*
*más poderoso que el estruendo de las muchas aguas,*
*más poderoso que los embates del mar.*
Salmos 93:4, NVI

# RAYO

## PAUSA

*¡Zap!...*

*¡Zas!*

*¡Rasga el cielo!*

*¡Lanza!*

*¡Brilla!...*

*¡Corte!*

*¡Parpadea!*

*¡Destello!*

*¡Rápido!...*

*¡Rayo!*

*¡Traza las nubes!*

***¡Sacudida!***

## PIENSA

¿Sabías que el rayo o relámpago es tan poderoso que calienta el aire a su alrededor hasta ser cinco veces más caliente que la superficie del sol? Eso significa que, por un breve destello, ¡partes de la tierra son más calientes que la estrella que nos da calor! ¡Qué asombroso! El rayo puede ser impactante, pero también ayuda a la tierra al poner algo llamado nitrógeno en el suelo, lo cual puede ayudar a que crezcan cosas, ¡como la fruta que comemos!

Del mismo modo, a veces tú puedes sentirte sorprendido por cosas que te pasan, pero los retos también pueden ayudarte a crecer y fortalecerte.

## ORA

Señor, tú creaste este mundo de modo que está lleno de milagros. Un destello de luz que cae del cielo en medio de la tormenta ayuda a que las cosas crezcan... ¿y eso también nos ayuda a crecer a nosotros? ¡Eso es un milagro! Gracias por la manera en que nos das cosas buenas. Ayúdame a ser valiente —cuando algo da miedo o es difícil— a recordar que tú usas esas cosas para ayudarme a crecer también... ¡y que tú siempre, siempre estás con nosotros! Tú eres la luz del mundo, y brillas dentro de mí incluso más fuerte que un relámpago.

## JUEGA

### *Carrera del relámpago*

Deja que los niños acomoden en el suelo cuerdas, sábanas viejas o mantas con forma de relámpago. Luego pueden correr al lado de sus creaciones para "trazar" el relámpago con sus pies. Para interactuar más con la tormenta, cualquiera puede gritar: "¡Rayo!" cuando vean un destello afuera; y los niños pueden saltar lo más alto posible, con las manos al aire, y luego continuar su carrera.

### *Escultura de relámpago*

Para una actividad más tranquila, saca masa para moldear e invita a los niños a esculpir nubes, rayos y gotas de lluvia, colocándolos sobre una superficie como un diseño de tormenta. También podrían aplastar y alisar la masa como si fuera un "lienzo" y tallar una escena de tormenta usando un cuchillo de plástico u otra herramienta.

## COMPLEMENTA

Para algo impactante que combine con el relámpago:

Sinfonía n.º 5 en do menor, Op. 67: I. Allegro con brio
Ludwig van Beethoven

Para algo menos intenso pero aún animado y "zigzagueante", para quienes necesiten algo más ligero en medio de la tormenta:

"Día de boda en Troldhaugen"
Edvard Grieg

*Hace que las nubes se eleven sobre toda la tierra.*
*Envía relámpagos junto con la lluvia*
*y suelta el viento desde sus depósitos.*
Salmos 135:7, NTV

*Algunos relámpagos se disparan dentro de una nube,*
*otros van de una nube a la tierra,*
*¡y algunos saltan de una nube a otra!*

# AGUA

# AGUA

## PAUSA

*¡Chapoteo, salpicón,*
*corro con emoción!*
*Al agua le encanta fluir,*
*desde la niebla que sube,*
*a las nubes que descubre,*
*y la lluvia al porvenir.*

*Un charco o un estanque,*
*una burbuja o un mar abundante,*
*esta agua de aquí*
*no siempre estuvo aquí;*
*es asombroso saber*
*¡que Dios la hizo nacer!*

## PIENSA

¿Sabías que al agua le gusta hacer viajes? A veces sube, a veces baja, viaja por todas partes en ríos y arroyos. Por lo tanto, ¡esa gota de lluvia que acabas de atrapar viajó hasta ti desde lugares y tiempos lejanos! Quizás alguna vez llevó un barco en el océano. Tal vez una familia entera de peces nadó a través de ella en el mar. ¡Quizás incluso estuvo allí cuando Dios creó el agua por primera vez!

## ORA

Dios, ¡gracias por el agua! Gracias por cómo nos ayuda de tantas maneras. Qué hermosa historia cuentas a través de los muchos viajes que hace el agua. ¡Nos muestra cuán creativo y emocionante eres!

## JUEGA

***Pintura que desaparece***

Si es posible, usando el recipiente con tapa de tu kit de aventuras, recoge un poco de agua del lugar que estás observando (charco, arroyo, estanque, lago, fuente, aspersor, etc.). Usando los pinceles de tu kit de acuarelas, deja que los niños usen el agua recolectada (sin pintura) para crear una "pintura que desaparece" en una roca, acera u otra superficie. Alternativamente, pinta usando las acuarelas y papel de tu kit, junto con el agua que has recolectado. Conversen juntos con preguntas divertidas como:

*Me encanta lo que estás pintando. ¿Puedes contarme sobre ello?*

*Veo que estás usando el color ______. ¡Qué gran elección! Mira alrededor. ¿Ves ese color en otras cosas cercanas?*

*¿Cuáles son algunos lugares divertidos en los que esta agua podría haber estado antes en sus viajes? ¿Crees que los peces alguna vez nadaron a través de ella en un océano? ¿Crees que alguna vez voló en el cielo como parte de una nube?*

## COMPLEMENTA

*Gli uccelli (Los pájaros)*, P. 154: V. "Il cucu": Allegro
Ottorino Respighi

*Cuando pases por aguas profundas, yo estaré contigo.*
Isaías 43:2, NTV

# MAREA

PAUSA

*Un mundo oculto se esconde*
*bajo las olas saladas del mar,*
*un universo de agua que responde*
*sobre cuevas y pozos sin parar.*

*Dos veces al día el agua asciende,*
*se eleva y alcanza gran altura;*
*dos veces al día retrocede y desciende,*
*retirándose con suave ternura.*

*Como un telón que se repliega*
*en un asombroso revelar,*
*deja al descubierto la entrega*
*de tesoros que el mar quiere mostrar:*

*Caracolas sobre rocas reposan,*
*algas que se enredan al pasar;*
*peces con aletas que se alborozan,*
*estrellas y erizos al caminar.*

*Entonces sube de nuevo la marea,*
*ocultando este mundo una vez más:*
*un murmullo burbujeante pasea*
*bajo olas que buscan la orilla al llegar.*

## PIENSA

En este mismo momento, en algún lugar del mundo, el océano se está elevando con la marea alta o retrocediendo con la marea baja. Esto ocurre dos veces al día. Pero ¿por qué? Lo creas o no, tiene que ver con la luna, que tira de la tierra con una poderosa fuerza llamada gravedad, parecido a un imán que atrae el metal hacia sí.

Entonces, cuando veas esa luna en el cielo, piensa en el océano que ruge en algún lugar, queriendo alcanzarla. Suena como algo encantado, pero es el hermoso diseño de Dios.

## ORA

Señor, tu fidelidad es más constante que las mareas. ¡Tú las creaste! Nadie puede detenerlas, así como nadie puede impedir que cumplas tu voluntad en nuestras vidas. Gracias por tu fuerza y tu fidelidad.

## JUEGA

***Caminando por el hogar del agua***

Después de consultar las tablas de mareas, el clima, y otras condiciones para garantizar la seguridad, visita una costa conocida por sus estanques de marea en bajamar para ver qué puedes encontrar. Saca la lupa y observa todo, desde percebes o cualquier animal que se pega en las rocas, hasta criaturas en movimiento, teniendo cuidado con cualquier cosa que pueda ser tóxica. En los blandos bancos de mareas, invita a los niños a hacer un diseño en la tierra recién revelada con huellas o líneas dibujadas con palos. Maravíllense juntos de que, hace solo unas horas atrás, este lugar estaba cubierto por el océano... y que en solo unas horas más, el agua volverá a cubrir sus propias huellas.

***Pinta el océano***

Si no estás lo suficientemente cerca para explorar bancos de mareas o estanques en el océano, saca las acuarelas e invita a tus hijos a pintar el mar, llenándolo de criaturas imaginarias o reales. Para inspirarse, hojeen juntos libros con imágenes o vean videos en el internet sobre la exploración de estanques de marea.

## COMPLEMENTA

"Sea Songs"
Ralph Vaughan Williams

Nota cómo las notas animadas ascienden y descienden por turnos. ¿Cómo se parece eso a la marea?

*Allí está el mar, ancho y vasto,*
*que abunda en animales, grandes y pequeños,*
*cuyo número es imposible conocer.*
Salmos 104:25, NVI

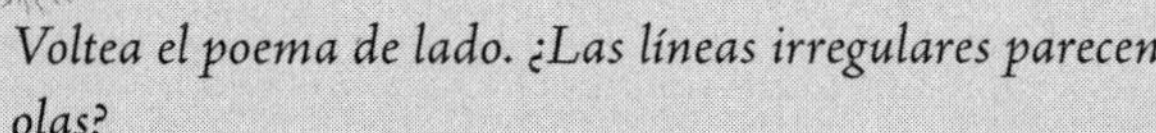

*Voltea el poema de lado. ¿Las líneas irregulares parecen olas?*

# CHARCO

## PAUSA

*Lanza un palo*
*y observa las ondas crecer,*
*lanza una piedra,*
*se hunde hasta que ya no la puedes ver.*

*Lanza una hoja,*
*mírala flotar y avanzar,*
*sopla sobre el agua,*
*¡pequeñas olas podrás observar!*

*Salta alto, salta bajo,*
*salta rápido o lento,*
*salta si te atreves,*
*¡y tu sonrisa aparecerá en un momento!*

## PIENSA

En un primer momento, un charco puede parecer solo un punto turbio de agua fangosa que está en el camino; pero cuando te tomas el tiempo para explorarlo y jugar en él, ¡se convierte en todo un mundo de alegría! Muchos lugares y momentos en nuestras vidas pueden ser así. Podrían parecer simples o aburridos al principio, pero cuando prestamos atención... ¡algo maravilloso nos espera!

## ORA

Señor, gracias por crear los charcos. Por la manera en que la tierra recoge el agua y crea un mundo completamente nuevo justo frente a nosotros. Ayúdanos a recordar que, igual que una onda que viaja lejos a través del charco, las cosas que hacemos y decimos pueden marcar una gran diferencia en el mundo que nos rodea.

## JUEGA

***Viaje en el charco***

Haz que los niños recojan objetos encontrados cerca, luego representen las acciones del poema mientras lo leen en voz alta una segunda vez.

O ayuda a tu hijo a imaginar que la hoja, pluma, u otro objeto liviano que han dejado flotar es un barco. Veamos si pueden ayudarlo a cruzar el charco soplando sobre él, ayudándolo con un palo largo, salpicando con los pies, o arrojando objetos un poco más pesados (como pequeñas piedras u otros objetos) para crear ondas. Haz suposiciones sobre dónde atracará el barco-hoja. Pon nombre al barco y las pequeñas "playas" en los alrededores del charco, ya sea que esté rodeado de tierra, pavimento, asfalto o pasto.

Mientras dure el interés, diviértanse creando juntos este mundo acuático en miniatura. Observen juntos lo que se hunde y lo que flota, e invítalos a explorar por qué es así. Una vez en la casa, hagan un mapa de su "lago de charcos" juntos como recuerdo.

## COMPLEMENTA

"The Eightsome Reel"
Tradicional escocesa

*Que regaré con agua la tierra sedienta*
*y con arroyos el suelo seco.*
Isaías 44:3, NVI

# LLUVIA

## PAUSA

*Pies descalzos,*
*Palmas al sol*
*Atrapo el cielo en mi interior.*

*Algo especial*
*Flota en el aire*
*El mundo se expande alrededor.*

*En las veredas riachuelos,*
*Lagos en las calles*
*Un mundo acuático en movimiento.*

*Desde la ventana*
*Sigo sus caminos,*
*Trazando océanos de gotas fluyendo.*

*Coronas en las copas,*
*Perlas en el pasto*
*Esculpiendo tierra y arena.*

*Música hacen*
*Gota a gota,*
*Iniciando una orquesta plena.*

*Dentro, acogedor;*
*Afuera, salvaje,*
*Un estruendo retumba fuerte.*

*La piel se eriza,*
*Las ramas danzan,*
*La nube ha descendido a verte.*

*Corre, baila,*
*Salta, juega,*
*Chapotea, observa o espera.*

*Todo es limpio*
*Y nuevo aquí,*
*Donde el cielo se une con la tierra.*

## PIENSA

¿Qué cosas favoritas has visto que la lluvia haga hoy? (Salpicar, formar pequeños arroyos, levantar cosas para que floten, deslizarse por las hojas, etc.) Realmente es maravilloso, ¿no crees? Transforma todo el mundo en un lugar brillante por un momento. ¿Sabías que la lluvia hace *aún más* de lo que podemos ver? También hace cosas invisibles: se filtra en la tierra y ayuda a que las cosas crezcan en lo profundo de la oscuridad.

¿Te lo puedes imaginar? Las nubes entregan su agua, enviándola en un viaje desde lo alto del cielo hasta lo más profundo de la tierra, y luego, esas cosas crecen y producen nueva vida, ¡incluso cosas que podemos comer, como manzanas y zanahorias! Cuando lo piensas así, ¡incluso algo ordinario como comer se vuelve extraordinario! Podemos disfrutar de un delicioso refrigerio, todo porque Dios diseñó las nubes para derramar su lluvia en una danza brillante para ayudar a que las cosas crezcan.

## ORA

Dios, ¡qué cosa tan asombrosa que liberes agua del cielo y la uses para empapar la tierra! Riega el suelo y ayuda a que crezcan los alimentos; riega nuestros corazones y ayuda a que crezca la esperanza. Creas obras maestras en todas partes, ¡incluso en las tormentas! Gracias por la alegría de la lluvia. Cuando el cielo está gris, ayúdanos a recordar que observemos la nueva vida y el crecimiento que se producen.

## JUEGA

### *Arte con lluvia (afuera)*

Si el pronóstico es de lluvia ligera a moderada, invita a los niños con anticipación a crear grandes dibujos coloridos con tiza en la acera, el patio, la entrada, o en cualquier lugar que esté expuesto a la lluvia. Las "manchas" o formas de color concentrado darán los mejores resultados. Espera a que llegue la tormenta y haga su magia: debería mojar y mezclar los colores, aportando toques inesperados al arte.

Si estás experimentando una lluvia más intensa que podría lavar la tiza por completo, prueba una versión más controlada del arte con lluvia. Usando tiza o marcadores lavables, haz que los niños llenen una hoja de papel grueso con formas concentradas, manchas, anillos concéntricos o franjas de color. Coloca el papel afuera por un tiempo más corto bajo la lluvia y observa qué hace el agua con él. Usa un recipiente, como una bandeja para hornear, para colocar el papel si te preocupa que los colores se filtren y manchen el pavimento que está debajo.

### *Carreras de gotas de lluvia (adentro)*

Como se describe en el poema, ¡traza las gotas de lluvia en una ventana! Mientras estás cómodo adentro o en el auto, muestra a los niños cómo trazar el camino de las gotas de lluvia con el dedo.

Pueden competir contra ti, un hermano, un amigo, o ellos mismos si eligen dos gotas de lluvia a la vez para ver cuál llega primero al fondo de la ventana.

## COMPLEMENTA

Preludio, Op. 28, No. 15 (el Preludio "Gota de Lluvia")
Frédéric Chopin

*Dios reúne las gotas de agua,*
*y hace que el vapor se convierta en lluvia;*
*esa lluvia la contienen las nubes,*
*que cae en abundancia sobre la humanidad.*
Job 36:27-28

# TIERRA

# HUELLAS

## PAUSA

*Primero el talón,*
*luego ese dedo gordinflón,*
*¡una y otra vez, y ya en acción!*

*Pasos suaves,*
*o firmes y secos,*
*huellas que actúan como tu eco.*

*Salta en un charco*
*sobre esa vereda tan ancha,*
*brinca en lo seco ¡y mira esas manchas!*

*Corre y viaja*
*el tiempo sin parar,*
*traza senderos al caminar.*

*Se forma en la tierra,*
*y en el agua poco tiempo estarás,*
*ahí estuviste... ¿y ahora adónde irás?*

## PIENSA

Las huellas son como una obra de arte que muestra por dónde caminaste. ¿Alguna vez has pensado en todas las personas que han caminado aquí antes? Podría ser un amigo... un hermano o una hermana... alguien que nunca conocerás pero que tiene el mismo color favorito que tú... o incluso alguien que vivió y caminó aquí hace cien años atrás. Las huellas son especiales porque nos muestran que podemos cambiar el mundo (aunque sea su forma, solo un poco) simplemente siendo como Dios nos hizo.

## ORA

Jesús, gracias porque tú también caminaste en esta tierra. Tú entiendes dónde estamos, por dónde hemos pasado y a dónde iremos... y nos das sabiduría y enseñanza para saber qué camino tomar. Oramos para que tomemos decisiones en nuestras vidas que lleven nuestros pies a lugares donde te sirvamos, te conozcamos y ayudemos a otros.

## JUEGA

***Sigue las huellas***

Busca un lugar al aire libre donde puedas ver huellas (pavimento con un aspersor cerca, tierra/lodo o nieve). Designa a un "Artista de las huellas". Esta persona va primero, creando un diseño o camino para que los demás lo sigan. Podría zigzaguear, trazar un camino en espiral, o hacer un diseño que forme una imagen grande. Todos los demás del grupo siguen, buscando sus huellas y colocando sus propios pies en ellas (o cerca). Tomen turnos siendo el Artista de las Huellas hasta que todos hayan tenido una oportunidad de serlo.

## COMPLEMENTA

"Marcha Radetzky", Op. 228
Johann Strauss I

*Guía mis pasos conforme a tu promesa;*
*no permitas que ninguna iniquidad me domine.*
Salmos 119:133, NVI

# PLAYAS

## PAUSA

*Tierra de castillos,*
*tierra de almejas,*
*tierra donde el agua el universo asemeja.*
*Nada, filtra, fluye sin fin,*
*tierra de lago, mar o jardín.*

*Mar de personas,*
*mar de coral,*
*mar de cuentos, piedras y sal.*
*Mezcla y danza con alegría,*
*mar donde el agua toca la orilla.*

## PIENSA

A veces parece como si el agua estuviera decorando la playa. Cintas de algas marinas esparcidas por aquí y por allá, caracolas esparcidas como joyas, charcos que atrapan la luz del sol y brillan como diamantes. Es divertido pensar en la costa jugando a disfrazarse; pero la verdad es aún más asombrosa: ¡Dios la adorna para nosotros!

## ORA

Qué cosa tan asombrosa, Dios, ver cómo el agua y la tierra se mezclan aquí, en la orilla (del mar, río, lago, arroyo, etc.). Algunas de estas olas tal vez comenzaron a miles y miles de kilómetros de distancia, por el viento o las tormentas… y ahora están rompiendo justo a nuestros pies. Nos recuerda que tú has creado posibilidades asombrosas… y que tu Palabra dice que tú eres más poderoso que todo lo que vemos. ¡Tú lo creaste! Gracias por ser tan fuerte y estar tan cerca de nosotros.

## JUEGA

### *Dibujo en la arena*

Encuentra una zona de arena seca. Cava un pequeño hoyo para encontrar la arena húmeda que está debajo. Sácala con el puño, y deja que caiga en un chorro constante mientras mueves la mano, usando la arena húmeda que sueltas para crear diseños, dibujos, letras o palabras sobre el lienzo de arena seca.

También puedes hacer lo contrario. Raspa la capa superior de arena para crear un lienzo de arena oscura y húmeda. Usa un montón de arena seca o más clara para "rociar" tus diseños sobre el suelo.

El juego libre en la arena también es un favorito: hacer castillos de arena, fosos, túneles, etc.

## COMPLEMENTA

*Tres écossaises,* Op. 72 No. 3
Frédéric Chopin

*Tú, Señor, en las alturas, eres más poderoso*
*que el estruendo de los mares;*
*¡más poderoso que las fieras olas del mar!*
Salmos 93:4

# ROCAS

PAUSA

*Castillos que suben alto,*
*muros grises sin final,*
*piedras donde damos saltos*
*calles de adoquín y sal.*

*Lanza una piedra al agua,*
*mírala desaparecer,*
*como un rompecabezas*
*¡algunas brillan al atardecer!*

*Se sueltan de las montañas,*
*bajan con fuerza y sin fin,*
*las tomas y las levantas*
*para construir un jardín.*

*Rocas grandes que escalamos,*
*granos de arena livianos,*
*montes, piedras, rocas, cantos,*
*fuerza dentro de tus manos.*

*Sostén una ante el sol*
*y déjala brillar,*
*nacida en la oscuridad,*
*¡ahora comienza a centellear!*

*Zafiro azul profundo,*
*verde esmeralda fiel,*
*rubí rojo encendido,*
*el ópalo guarda un mundo.*

*Cada roca es un viaje,*
*una historia por contar,*
*maravilla de la tierra,*
*nuevo en lo que fue ancestral.*

## PIENSA

¡Uf, las rocas pueden ser muy pesadas! A veces son ásperas y también tienen bordes afilados. Pero con el tiempo, fuerzas como el viento, el agua y otras arenas o rocas pueden desgastar esos lugares rugosos y afilados, llevando pequeños pedazos de la roca a lugares lejanos y dejando la roca un poco más suave.

¿Puedes encontrar una roca para levantar? Ahora, imagina. Los pequeños trozos de esta roca podrían estar muy lejos, o incluso en un mar lejano ahora, llevados allí por el viento o el agua. Dios hace que las rocas sean fuertes, pero también las sigue moldeando... ¡muy parecido a lo que Él hace con nosotros!

## ORA

Señor, gracias por el regalo de las rocas. Nos las diste para hacer refugios, caminos, sendas ¡y mucho más! Tú nos dices que eres nuestra Roca, nuestra fuerza, nuestro refugio, y eso significa que eres nuestro lugar seguro. Gracias por ser nuestro lugar seguro y por ser tan fuerte. Amén.

## JUEGA

***Arquitecto de rocas***

Después de recolectar rocas en un campo, bosque o parque, invita a los niños a construir algo: un camino alineado de un árbol a otro, una imagen o diseño en el suelo creado al poner las rocas en líneas, una colección por colores, o incluso una pequeña pared de piedras. Puedes leer *Roxaboxen* de Alice McLerran y Barbara Cooney y crea tu propio pueblo rodeado de rocas. Busca "arte con guijarros" o "arte con piedras" en internet para más ideas e inspiración.

***Pinta rocas***

Usando pinturas acrílicas aptas para niños, invita a los niños a pintar diseños coloridos, escenas, rostros, o animales en las rocas. Guárdalas para ti o déjalas a lo largo de los senderos para que otros las encuentren y se deleiten.

Para una variación de esto, busca veinticuatro piedras pequeñas, planas y redondas. Pinta doce con un diseño (como mariquitas) y doce con otro (como abejas) … ¡y ahora tienes un juego de damas! Dibuja un tablero de damas en la arena o usa uno ya hecho para jugar.

## COMPLEMENTA

*Le Carnaval des Animaux*: XII. "Fossiles"
Camille Saint-Saëns

*Solo él es mi roca y mi salvación;*
*él es mi refugio, ¡no caeré!*
Salmos 62:6, NVI

*¿Sabías que hay un ciclo de las rocas, como el ciclo del agua? Busca libros o videos en línea sobre ello… ¡te sorprenderá!*

# BARRO

## PAUSA

*¡Plaf!*
*Haz un desastre*
*Viste la tierra con tu propia creación.*
*Crea una colina, una habitación o una nación*
*Hecha de barro.*

—

*¡Aplasta!*
*Agua salpica*
*Mezcla todo para alisarlo,*
*Constrúyelo para cambiarlo,*
*¡Comienza otra vez!*

—

*¡Plaf!*
*Pim- pom*
*Hagamos huellas en fuentes*
*Tallando ríos en montañas diferentes*
*¡Y cañones también!*

—

*¡Gotea!*
*Haz que se vea*
*Cambia el mundo y el tono*
*Y si te preguntas y preguntas cómo,*
*¡Lo acabas aunque no lo veas!*

## PIENSA

El barro puede parecer algo muy común; después de todo, es solo tierra y agua. Pero cuando te detienes a pensar en cuán vieja es esta tierra, los lugares en los que ha estado y el agua con la que se mezcla, los lugares que ha recorrido, y cómo cuando se mezclan puedes hacer casi cualquier cosa… ¡el barro es un milagro! Nos muestra que, cuando cuidamos las cosas que tenemos frente a nosotros, podemos cambiar el mundo de una manera tan maravillosa. ¿Convertir simple barro en un castillo? Eso es bastante asombroso.

## ORA

Dios, gracias porque tú creaste el barro. En la misma primera frase de tu Palabra, nos dices que creaste la tierra; y es muy hermoso que la primera frase de tu gran historia nos pueda enseñar tanto. ¡Incluso usaste barro para sanar a alguien que estaba ciego (Juan 9)! Gracias porque el barro también puede ayudarnos a ver cosas increíbles, solo jugando con él.

## JUEGA

***Volcán de barro (gran desorden)***

Haz un montículo de barro con forma de volcán, hueco por dentro con un túnel hacia abajo desde la parte superior. Llénalo con bicarbonato de sodio, ¡y después vierte vinagre por encima para ver la "erupción"! Deja que los niños se diviertan observando los "cráteres" formados en la tierra cuando la efervescencia se calme. Puede que incluso encuentren formas en ellos o jueguen a conectar los puntos, usando una ramita.

***Ladrillos de barro (gran desorden)***

Usando un recipiente rectangular, mezcla barro y hornea al sol. Deja que los niños experimenten la alegría única de un proyecto en el largo plazo que ofrece la oportunidad de cultivar paciencia, visión, imaginación y perseverancia mientras crean más ladrillos con el tiempo para construir su creación.

***Ciudad de barro (gran desorden)***

Construye una red de canales, ríos, cascadas, piscinas, edificios/habitaciones, etc., y observa cómo tu universo de barro crece, ¡junto con la imaginación expansiva de tu hijo!

***Impresiones de barro (desorden menor)***

Coloca cuidadosamente hojas y ramitas en el barro en diseños interesantes, luego retira las hojas y admira las impresiones que se marcaron. Deja el "arte de barro" allí para que lo disfruten otros visitantes. O usa una ramita para hacer dibujos en el barro. Alternativamente, realiza esta actividad con masa para esculpir en lugar de barro.

## COMPLEMENTA

"Danza de las horas" de *La Gioconda*
Amilcare Ponchielli
(especialmente desde el minuto dos)

*En el principio, Dios creó*
*los cielos y la tierra.*
Génesis 1:1, NTV

# CAÍDA DE RAMAS

## PAUSA

*Surge desde el suelo,*
*girando va con anhelo.*
*El aire es un remolino,*
*el cielo, un torbellino.*
*Levanta el polvo en vuelo.*

*Lanzando hojas, gira,*
*trenzando ramas, delira.*
*Brisa, una invitación*
*a la creación en hibernación.*
*Invocando pastito y helechos.*

*Cae al suelo ligero,*
*baila con vaivenes de viajero.*
*Luego un pequeño salto,*
*brinca como un sobresalto,*
*tejiéndose en saltos y sendero.*

## PIENSA

¿Alguna vez has visto una roca en medio de un arroyo? El agua se divide y corre a su alrededor, luego se une de nuevo al otro lado, a veces formando pequeños remolinos al hacerlo.

¿Sabías que el viento también hace eso? Cuando tiene que dividirse alrededor de algo en su camino, como una casa, un auto o un árbol, se junta de nuevo al otro lado, chocando en pequeños giros de aire. Mientras gira, recoge polvo, hojas y hierba, ¡haciendo que parezca un carrusel de hojas!

Esto puede recordarte que, incluso cuando algo interrumpe tus planes, al principio puedes sentirte frustrado... pero muchas veces, algo emocionante y hermoso sucede como resultado, justo como esos bailes de hojas.

## ORA

Señor, ¡tú siempre estás obrando! Incluso usas cosas invisibles como el viento para hacer que tu creación baile. Gracias por entretejer tanta belleza y significado en este mundo, todo por amor a nosotros.

## JUEGA

***Collage de tornado de hojas***

Después de observar esta danza circular de las hojas, guía a los niños a recoger pedacitos de desechos de su camino, o del lugar donde se asentaron.

Déjales colocar su colección en el suelo, y que vayan dejando atrás una ilustración de la caída de las ramitas. O haz lo mismo en su "diario de naturaleza" en lugar del suelo, pegando con cinta adhesiva o pegamento pedacitos de hojas, ramitas, y hierba del "tornado" real sobre su página, en un diseño similar a un tornado hecho por ellos.

Llévalos a maravillarse con el hecho de que acaban de crear arte usando algo que hace solo unos momentos estaba bailando en el aire delante de sus propios ojos. Ahora, cada vez que vean su ilustración, verán un hermoso recuerdo capturado en el tiempo.

## COMPLEMENTA

"El vuelo del moscardón"
Nikolái Rimski-Kórsakov

*Los vientos son tus mensajeros.*
Salmos 104:4, NTV

*Cuando el viento se divide para rodear algo, eso se llama* ***cizalladura del viento.***

*Después, cuando gira y recoge pequeños remolinos de hojas, ramitas y polvo, a eso se le llama* ***torbellinos de viento.***

*¿Puedes inventar un nombre divertido para ellos? ¿Tal vez "baile de hojas" o "tornado de ramitas"?*

# COSAS SALVAJES

# TELARAÑA

## PAUSA

*Astuta trepadora,*
*Subes sin parar*
*Rápida brilladora,*
*Lista para actuar.*

*Aérea y disfrazada,*
*Giras con destreza,*
*Espacio conquistado*
*Con tanta ligereza.*

*Tejiendo, hilando, girando, brillando, atrapando un rayo fugaz,*
*Trabajas, te esfuerzas, descansas, avanzas, creando sueños en paz.*

*Silenciosa hilandera,*
*Pintas sin cesar*
*Obra verdadera,*
*Creas sin parar.*

*Sombra sigilosa,*
*Rápida y sutil,*
*Música asombrosa,*
*Cuerdas de un perfil.*

*Saltando, girando, mostrando, probando, ocultas lo que es real,*
*Cambiando, flotando, cruzando, entrelazando, ya el hilo es total.*

*Equilibrista en puntas,*
*Danzas sin salón,*

*Reina entre las puntas,*
*Casa sin portón.*

*Creas maravillas,*
*Se vea o no tu don,*
*Cumples tu labor de araña,*
*¡Luces de ovación!*

*Corriendo, rozando, trazando, chocando, tu red ya está tejida,-*
*Cayendo, girando, hilando, posando... siempre bien erguida.*

## PIENSA

No todas las arañas son del tipo que hacen grandes telas redondas con secciones cuidadosamente medidas y emparejadas. Pero algunas lo hacen, y se les llama "tejedoras de orbes". ¿Sabías que para construir algo tan hermoso, primero comienzan con un gran enredo de hilos en el medio? Eso les da un lugar fuerte para comenzar. Cuando han construido el resto de su hermosa telaraña, regresan al centro desordenado... ¡y se lo comen! Entonces, la reemplazan con los toques finales que se ven bonitos y ordenados. Crean estas hermosas telas porque es para lo que fueron hechas, sin importar si alguien las está observando o no.

Podemos aprender mucho de las arañas, ¿cierto? No te preocupes si las cosas que intentas parecen un lío a veces: ¡el lío es una parte importante! Y podemos hacer las cosas bien y con alegría, sin importar quién nos esté observando o no.

## ORA

Señor, gracias porque ahora mismo hay arañas creando silenciosas obras de arte en todo el mundo. Incluso cuando nadie observa, podemos hacer cosas hermosas y buenas. ¡Ayúdanos a trabajar así, con todo el corazón!

## JUEGA

***Tejido de color-telaraña***

Materiales

- Dos o tres ramitas de tamaño medio, palitos de helado, o varillas
- Hilo o cuerda del color que prefieras, o un hilo multicolor
- Pegamento caliente y pistola de pegamento caliente (opcional)

Pasos

1. Cruza las ramas en el medio para crear una forma de * (si usas 3 ramitas) o una forma de + (si usas dos, más fácil para niños pequeños/manos pequeñas). Opcional: un adulto puede pegar las ramitas en el centro con pegamento caliente.
2. Comienza a envolver el hilo alrededor del centro en todas las direcciones hasta que las ramitas se sientan estables y firmes.
3. Comienza a "tejer" el hilo, envolviéndolo alrededor de cada ramita una vez; después mueve el hilo a la siguiente ramita y repite, alrededor y alrededor de la forma radial hasta que gran parte de la estructura de las ramitas esté cubierta de hilo, y el espacio entre ellas ahora esté lleno de una colorida telaraña de hilo.

## COMPLEMENTA

"Pizzicato Polka"
Johann Strauss II

*Hagan lo que hagan, trabajen de buena gana, como para el Señor y no como para nadie en este mundo.*
Colosenses 3:23, NVI

*¡La parte de la araña que produce la seda se llama **hilera**!*

# HORMIGA

## PAUSA

*Ven, agáchate hasta el suelo*
*Aquí verás reinos creciendo*
*Con castillos de arena*
*Y una vida plena*
*¡Ciudades cavadas con anhelo!*

*En este pequeño rincón*
*Con reina, soldados a montón*
*Montañas se mueven*
*Los pasos conmueven*
*¡Gigantes diminutos en acción!*

*Corretean, se esconden, se van*
*Se agitan, se agrupan, están*
*Tomando algo pequeño*
*Realizan un sueño*
*¡Cada uno trabaja su plan!*

## PIENSA

¿Ves ese pequeño agujero de hormiga? Detrás de esa pequeña abertura en la tierra hay miles de hormigas cavando túneles y túneles y más túneles... ¡a veces durante kilómetros! Las hormigas son muy pequeñas, pero pueden cargar hasta cincuenta veces su propio peso. Eso sería como si tú pudieras levantar un caballo y correr de un lado a otro con él. Por favor, no intentes levantar un caballo, pero eso te da una idea de cuán fuertes son estas pequeñas hormigas. Solo piensa: cada vez que pasas por un hormiguero, se está creando todo un reino de túneles donde ni siquiera podemos verlo. ¿Y cómo lo hacen? Con pequeños granos de arena llevados de uno en uno. A veces, las cosas grandes ocurren cuando se hacen pequeñas cosas con fidelidad, una y otra vez.

## ORA

Dios, tu Palabra nos dice que observemos a la hormiga y aprendamos de ella. Gracias por darnos el ejemplo de una criatura que hace su trabajo, ayuda a sus amigas, y construye cosas grandes haciendo pequeñas cosas con fidelidad. Por favor, ayúdanos a ver hoy cómo nosotros también podemos hacer cosas pequeñas con alegría.

## JUEGA

### *Laberinto de hormigas*

En un área libre de hormigas o de cualquier peligro de ser mordido, invita a cada niño a trazar su propio camino laberíntico en el suelo usando los dedos o palos. Si lo deseas, haz una búsqueda en internet de "sección transversal de un hormiguero" y muéstraselo a los niños. O deja que se guíen solo por la imaginación. Luego, haz que elijan un objeto encontrado (ramita, hoja, roca) y lo muevan a través del laberinto, imaginando que es una hormiga que viaja por sus túneles. Para darle un giro a la actividad, coloca un montón de piedras para transportar al final de cada laberinto. Cada vez que el niño llegue al final de su laberinto, debe recoger una piedra, moverla con la "hormiga" de regreso a través del laberinto con la piedra, depositarla en el otro extremo del laberinto, y repetir hasta que el montón de piedras haya sido completamente transportado.

Hablen sobre cómo eso es un poco parecido a lo que las hormigas están haciendo en este mismo momento.

## COMPLEMENTA

*Zapateado* (Danza Española No. 6, Op. 23, No. 2)
Pablo de Sarasate

*Mira a las hormigas; fíjate en sus caminos,*
*y ponte a pensar.*
Proverbios 6:6

*El tipo de poema lleno de energía usado arriba se llama* ***"Limerick"****, y algunos lo llaman "quintilla humorística".*

*Para crear uno juntos, usa esta estructura:*

**Línea 1: 7–10 sílabas, termina con la rima A.**
**Línea 2: 7–10 sílabas, termina con la rima A.**
**Línea 3: 5–7 sílabas, termina con la rima B.**
**Línea 4: 5–7 sílabas, termina con la rima B.**
**Línea 5: 7–10 sílabas, termina con la rima A.**

# HUELLAS DE CRIATURAS

PAUSA

*Guardián de la memoria*
*Grabado en la arena.*
*Pasos congelados*
*Que en la tierra resuenan.*

*Criaturas pasaron,*
*saltaron o reptaron.*
*Ya no están aquí,*
*pero imagina su canción…*

*Si pudiéramos oír*
*cuando sus pies cayeron,*
*¿a qué sonarían?*
*¿Qué historias trajeron?*

*El golpe de una pata de oso,*
*el desliz de una serpiente,*
*el susurro de un bigote*
*que suspira suavemente.*

*El salto de una liebre,*
*el correr de un ratón,*
*las marcas diminutas*
*de una polilla en el rincón.*

*El clic de una pinza de cangrejo,*
*el clip-clop de un caballo,*

*la pata peluda y sincera*
*de un perro veloz como un rayo.*

*El trote de un pavo,*
*el galope de un ganso,*
*el pato que se mece,*
*y aves en su remanso.*

*Acércate y mira,*
*observa lo que hay.*
*Quizás podrías imaginar*
*esta sinfonía en la arena sin igual.*

## PIENSA

Muchos animales son nocturnos, lo que significa que están despiertos durante la noche y duermen durante el día. ¿Te imaginas cómo sería eso? Es un misterio asombroso que nos permite compartir algunos de los mismos lugares con los animales. Nosotros podríamos tener un lugar favorito para caminar durante el día, y en la noche ese mismo lugar podría ser el favorito de un ratón para corretear. Cuando buscamos huellas de animales, nos convertimos en detectives, buscando pistas sobre los animales que comparten este espacio con nosotros, ya sea en la noche o en otro momento. ¡Qué diseño tan bueno, el que Dios nos haya hecho capaces de compartir este mundo de esa manera!

## ORA

Señor, qué interesante que elegiste crear la vida, la tierra y la ciencia de tal manera que las huellas sean posibles. Al mirar huellas de pies, huellas de patas, o cualquier otro tipo de huella hoy, ayúdanos a maravillarnos de tu buen diseño al darle a cada criatura un propósito, un lugar y un tiempo... ¡incluyéndonos a nosotros!

Cuando las personas miren las marcas que dejamos con nuestras decisiones y nuestras vidas cada día, oramos para que seamos una bendición para los demás, ayudando donde podamos y llenando nuestros corazones con tu alegría.

## JUEGA

***Emparejar huellas***

Saca tu lupa y observa detenidamente a tu alrededor. Si no ves huellas de animales naturalmente hechas, puedes crear algunas con un palo en la forma de huellas de criaturas. Haz algunas preguntas curiosas (ver Recursos Adicionales) para ayudar a los niños a observar detalles. Luego pregunta: "¿Qué tipo de animal crees que pertenece a esta huella?". Invita a la interacción pidiendo a los niños que imiten cómo camina el animal o qué tipo de movimientos o ruidos hace. Pregunta: "¿Qué podría decir alguien mirando *tus* huellas?". Para terminar con una explosión de actividad, da a los niños una misión: crea la huella más loca que puedas mientras corres. ¡Preparados…listos… *ya*…!

## COMPLEMENTA

Pizzicato de Sylvia
Léo Delibes

*Tú traes la oscuridad, cae la noche*
*y en sus sombras se arrastran los animales del bosque…*
*Pero al salir el sol se retiran*
*y vuelven a echarse en sus guaridas.*
Salmos 104:20, 22, NVI

# ENCONTRAR UNA PLUMA

## PAUSA

*Pluma que flota,*
*¿dónde volaste?*
*¿Con qué viento explota*
*el cielo que abrazaste?*

*Una vez te susurró el viento,*
*surcaste el azul sin fin,*
*una vez con luz y aliento*
*te empujó el sol por el jardín.*

*Pluma ligera,*
*tan suave, tan fiel,*
*cuando el cielo espera*
*brillas con tu piel.*

*Proteges del frío,*
*calientas al volar,*
*en la nube, en el río,*
*en tormentas sin parar.*

*Pluma que flotas,*
*bajaste sin prisa*
*como carta remota*
*trayendo noticias con brisa.*

## PIENSA

¿Ves cómo una pluma parece estar hecha de mil hilos pequeños? ¡Estos hilos hacen que algo muy suave se convierta también en algo muy fuerte! Se entrelazan, algo parecido a cuando juntas tus manos, haciendo que todo quede bien apretado y cálido para seguridad, y fuerte para moverse y volar. ¡Las cosas suaves también pueden ser fuertes!

## ORA

Jesús, algo tan simple como una pluma no es nada simple en absoluto. Tú la creaste para mantener a las aves seguras y calientes, para que puedan volar, y para dejarnos a nosotros descubrirlas e imaginar todas estas cosas maravillosas. Si cuidas tan bien de las aves, sabemos que siempre cuidarás de nosotros también. ¡Gracias por las plumas!

## JUGAR

***Caída de plumas (opción práctica)***

Usando la pluma que descubriste, y algunos otros objetos encontrados cerca (rama, piedrita, un pañuelo de tu bolso, guante, etc.), deja caer los objetos de dos en dos para ver cuál cae al suelo más rápido, y para notar juntos diferentes formas en que las cosas caen.

Para aumentar el asombro, busca en el internet un video corto (de poco más de un minuto) llamado "NASA Apollo 15 Hammer-Feather Drop" y observa qué sucede ¡cuando un astronauta deja caer estos dos objetos en la luna! Deja que los niños adivinen qué sucederá y luego miren el video.

Dependiendo de la preparación de los niños, discute por qué es diferente en la luna frente a la tierra. En la tierra tenemos aire, que es como un mar invisible por donde la pluma cae más lentamente. En la luna no hay aire (es un vacío), así que cae directamente hacia abajo, ¡a la misma velocidad que el martillo!

*Las plumas pueden transportar bacterias, así que asegúrate de lavar bien tus manos después de manipular este tesoro que flota.*

***Espray de plumas (opción sin tocar)***

Usando una botella de espray con agua, deja que los niños rocíen la pluma para observar qué hace el agua. Probablemente se formarán gotitas. Dirígelos a investigar por qué sucede eso, y ofrece ideas o comparaciones que los ayuden a imaginar: "¿Por qué crees que los paraguas mantienen a las personas secas?" (forma, tipo de tela, etc.). "¿Crees que algo de eso podría ser cierto para las plumas?". Examina la pluma con una lupa. Invita a los niños a compartir lo que notan.

Sobre un fondo de tierra, roca, cemento o asfalto, rocía nuevamente la pluma, incluyendo el suelo o la superficie alrededor de ella. Mueve la pluma para revelar el lugar seco que ha quedado debajo. Si está sobre una superficie dura, deja que los niños tracen la forma seca con tiza. O repite el proceso de rociado, esta vez usando sus manos como barrera sobre el suelo (en lugar de la pluma), para revelar la forma de sus manos cuando terminen. Conversen sobre cómo se siente el agua en su piel y cómo se sentiría el ave si ese agua estuviera sobre su piel en lugar de sobre sus plumas. Deja que los niños se diviertan sacudiendo el agua, lanzándola con los dedos, y dejando que sus manos se sequen.

## COMPLEMENTA

"Pas de Deux" de El Cascanueces
Pyotr Ilyich Tchaikovsky

*Pero los que confían en el Señor renovarán sus fuerzas; levantarán el vuelo como las águilas, correrán y no se fatigarán, caminarán y no se cansarán.*
Isaías 40:31, NVI

*Observa los pequeños ganchos y púas de las plumas. ¡Estos hacen que algo muy suave se convierta también en algo muy fuerte!*

# NIDO

## PAUSA

*Nuevamente una lista, ligera y veloz ave comienza a anidar*

*Inicia el vuelo hacia el este, al sur, al oeste, sin dejar de planear*

*Desciende, sube, gira y va, mil veces va a buscar*

*Objetos y hojas, hierbas y plumas, ramitas sin parar*

## PIENSA

¡Los pájaros construyen sus nidos con todo tipo de cosas! Algunos pájaros construyen pequeños ramitos uno a uno; recogen briznas de hierba, trozos de pelusa, paja, cuerda y otros objetos. Trabajan y trabajan hasta que han construido algo que es fuerte y a la vez suave... todo con material "sobrante" que todos los demás pasan por alto. ¡Es como una búsqueda del tesoro! Dios ha puesto tesoros a nuestro alrededor y provee para su creación de muchas maneras diferentes.

## ORA

Dios, gracias por darles a los pájaros todo lo que necesitan para construir su hogar. Tu Palabra nos dice que si cuidas de las aves, ¡también cuidarás de cada una de nuestras necesidades! Gracias porque estamos seguros contigo, sin importar lo que pase.

## JUEGA

***Hogar hecho de hallazgos***

Encuentra un lugar con recursos naturales (palos, hierba, árboles, hojas, etc.) donde te sientas cómodo explorando juntos.

Establece algunos límites de dónde deben quedarse y lanza el desafío: construyan un refugio usando solo lo que recojan de lo que ven. También puedes dar a cada persona algunos trozos de cuerda o cinta adhesiva como materiales iniciales. Construyan un refugio juntos, en pareja, o de manera individual. Los refugios pueden ser tan simples (un claro en la hierba) o complejos (un refugio de ramas contra los árboles) como desees. Hablen sobre los retos y las alegrías de construir un hogar recolectado (como los pájaros hacen con sus nidos). Para más diversión, dejen que los niños disfruten un bocadillo o un libro en sus nuevos escondites.

## COMPLEMENTA

*Petite Suite de Concert,* Op. 77: III. "Un Sonnet d'Amour"
Samuel Coleridge-Taylor

*Aun el gorrión ha hallado casa,*
*Y la golondrina nido para sí donde poner sus polluelos.*
Salmos 84:3, NBLA

*Un poema **acróstico** usa la primera letra de cada línea para deletrear algo. ¿Puedes ver qué deletrea el acróstico de arriba?*

# COSAS QUE CRECEN

# DIENTE DE LEÓN

## PAUSA

*Nube de lana en un tallo,*
*Toma aire sin desmayo…*

*¡Sopla fuerte! ¡Sopla ya!*
*Sombrillitas volarán*

*Se levantan, danzan, giran,*
*Se dispersan, bajan, miran,*

*Y luego siguen su andar*
*Van a todas partes sin parar.*

*Hasta el suelo van a dar*

*Para una nueva vida sembrar.*

## PIENSA

¡Es increíble pensar que una sola flor pueda convertirse en tantas nuevas! Cada una de esas "sombrillitas sobre un palo" que se soltaron cuando soplaste el diente de león es una semilla, y cada una puede hacer crecer una flor completamente nueva. ¡Imagina toda la nueva vida que surgirá solo por esa!

¿Sabes qué más hace eso? ¡Tu sonrisa! Cuando sonríes a otros, observa cómo muchas veces ellos sonríen de vuelta. Y luego pueden sonreírle a alguien más, y esa nueva persona podría sonreír también... ¡Quién sabe hasta dónde puede llegar una sonrisa en un viaje de ida y regreso! Dios creó la alegría para que se extienda.

## ORA

Señor, ¡qué asombroso que un solo diente de león pueda plantar tantos otros nuevos! Gracias por crear cosas que nos producen alegría y maravilla, y que nos invitan a ser parte de hacer crecer la alegría.

## JUEGA

### *Contorno de diente de león*

Arranca una página en blanco de tu diario de naturaleza. Usando un palo o una pluma, haz agujeros en el papel con un diseño divertido (espiral, cara sonriente, flor) o con la forma que crea la primera letra del nombre de tu hijo. Invita a tu hijo a recoger tantos dientes de león como pueda encontrar, ya sean blancos y esponjosos o amarillos y floreciendo. Inserta los tallos en cada agujero que hiciste, para que tu diseño ahora esté poblado por cabezas de diente de león.

Si hay algunos blancos y esponjosos en tu diseño, tomen una gran respiración juntos y soplen colectivamente para liberar las semillas de todo el diseño.

### *Sumergir el diente de león*

Recoge un diente de león que esté en la etapa blanca y esponjosa de su vida. Llena un recipiente de vidrio con agua, luego toma turnos cuidadosamente para sumergir en el agua el diente de león lentamente, con la cabeza hacia abajo. Sácalo lentamente y maravíllate: ¡Estará seco e intacto!

### *Guirnalda de dientes de león*

Los dientes de león florecen amarillos, y luego se cierran durante muchos días antes de abrirse en su esponjosa forma blanca. Busca dientes de león en su etapa cerrada. Recoge sus cabezas y ensártalas cuidadosamente usando aguja e hilo, o pínchalas suavemente en un alambre. Espárcelas a lo largo del hilo o alambre, muestra la guirnalda o da forma al alambre en un círculo para crear una corona, y espera varios días para que comiencen a abrirse en sus pequeñas bolas blancas. Como un último adiós, lleva la guirnalda/corona a algún lugar donde te sientas cómodo liberando semillas, y observa cómo vuelan mientras giras esa creación alrededor.

## COMPLEMENTA

"Csárdás"
Vittorio Monti
(Especialmente a partir del minuto dos)

*El corazón gozoso alegra el rostro.*
Proverbios 15:13a, NBLA

# CUANDO LA LUZ BAILA ENTRE LOS ÁRBOLES

## PAUSA

*Árboles verdes*
*con hojas brillantes*
*y rayitos de sol que se cuelan danzantes.*
*Se estiran al cielo*
*con ramas al vuelo,*
*dando sombra a ti y a mí.*

*Un baile de luz,*
*un destello en cruz*
*de una estrella que vive muy lejos de aquí.*
*Mira cómo salta,*
*titila y resalta*
*¡te invita a jugar desde allí!*

## PIENSA

Ese árbol creció mucho, ¿no es cierto? Todo por sus raíces tan profundas, que beben agua de la tierra abajo. Algo que tiene raíces tan profundas en la tierra también está alcanzando lo alto en el cielo con sus ramas y hojas, haciendo que la luz del sol dance a tu alrededor. El sol es la estrella más cercana a la tierra... así que ¡estás jugando con luz de estrella! Vemos árboles todo el tiempo, así que puede ser fácil olvidar que son bastante milagrosos. Se aferran a la tierra con sus raíces, al cielo con sus ramas, y a la luz de las estrellas con sus hojas, todo para ofrecer fuerza, sombra y refugio a los demás. ¿Sabías que nosotros también podemos hacer eso? Podemos echar raíces profundamente en la Palabra de Dios, alcanzar lo alto en su amor, ¡y crecer fuertes al hacer ambas cosas!

## ORA

Dios, gracias por permitirnos ver la luz de las estrellas, toda la forma en que el sol juega con las hojas danzantes hoy. Nos recuerda que has colocado luz a nuestro alrededor, y nos has creado para brillar con tu amor.

## JUEGA

***Mural en el suelo***

Usando tiza de tu kit de aventura, o usando líneas de piedritas, ramitas, hojas pequeñas u otros objetos que encuentres a tu alrededor, traza la sombra del árbol o las hojas. En un suelo no pavimentado, puedes usar un palo o tu dedo para trazar el contorno en la tierra. Hablen sobre ello juntos: "¿Cuál es tu hoja favorita que trazaste?". "¿Quién crees que verá nuestro dibujo más tarde? Oremos por ellos, para que también noten la belleza aquí".

## COMPLEMENTA

"La campanella"
Franz Liszt

*Dichoso es quien no sigue el consejo de los malvados,*
*[…] sino que en la Ley del Señor se deleita […].*
*Es como el árbol plantado a la orilla de un río*
*que, cuando llega su tiempo, da fruto*
*y sus hojas jamás se marchitan.*
Salmos 1:1-3, NVI

# RAÍCES

## PAUSA

*Allá bajo el suelo,*
*donde no suena nada,*
*hay una sinfonía callada.*

*Con un tac-tac-tac,*
*raíces van en zigzag*
*sobre piedras bien marcadas.*

*Giran y se retuercen,*
*con la fuerza que ejercen,*
*como una red viva en acción.*

*Con sonidos silenciosos y brillantes*
*y un ruido altisonante,*
*marcan notas en su rincón.*

*Como un violín fugaz,*
*con su sonido tenaz,*
*van dibujando una melodía.*

*Allí donde las raíces giran*
*y en lo profundo se estiran,*
*esperar no tomaría el día.*

*Primero un destello,*
*un brote pequeño,*
*fruto de todo ese afán.*

*¡Luego sube, sube, sube!*
*Entre el lodo y la mugre,*
*¡vamos hacia el sol que alumbra el plan!*

## PIENSA

Las raíces comienzan siendo diminutas y hasta suaves al tacto, pero son estas cosas pequeñas y escondidas las que hacen fuerte a una planta, la mantienen firme para que no se la lleve el viento, y le permiten absorber el agua de la tierra. ¡Qué maravilloso ver que las cosas pequeñas pueden ser tan fuertes e importantes! La Palabra de Dios incluso nos dice: "No menosprecien estos modestos comienzos, pues el Señor se alegrará cuando vea que el trabajo se inicia" (Zacarías 4:10, NTV).

## ORA

Dios, te importa mucho que algo comience en pequeño y el trabajo que se hace en lugares donde solo tú puedes ver. Cuando estamos creciendo o haciendo trabajo escondido por cosas buenas, ayúdanos a tener ánimo y a saber que la vida puede brotar desde lugares como ese. Que incluso cuando sentimos que nadie nos ve, tú nos ves, y eso alegra tu corazón.

## JUEGA

***Estudio de raíces***

- Busca un video en internet en cámara rápida de raíces creciendo y compártelo con tus hijos.
- En un recipiente transparente como una jarra, siembra algunas semillas de pasto en tierra para que tus hijos puedan observar el crecimiento bajo tierra, además del que ocurre arriba. Invítalos a ayudar a regar las semillas y encontrar un lugar soleado para ellas. Usa diarios de naturaleza para hacer dibujos cada semana y hablen sobre lo que ven diferente o interesante. Si el pasto crece lo suficiente, córtenlo y dejen que hagan formas divertidas con él en papel, o que formen letras para escribir su nombre. Péguenlo con cinta o pegamento.

- Encuentra una maleza que de todas maneras ibas a quitar. Sáquenla con cuidado y examinen su sistema de raíces.
- Para una actividad un poco más desordenada, deja que los niños escarben en el lodo, fingiendo que son una raíz cavando hacia abajo.
- Para mostrarles a los niños un timbal en acción, encuentra un video de una orquesta en vivo tocando "Sunrise Fanfare" de Richard Strauss. Deja que los niños toquen al ritmo usando tubos vacíos de toallas de papel, golpeando almohadas con todas sus fuerzas.

## COMPLEMENTA

Vals n.º 2 de la Suite de Jazz n.º 2
Dmitri Shostakovich

Disfruta el modo en que la melodía se sostiene sobre el trepidante piano agudo, pareciéndose a cómo algo profundo (las raíces) sostiene la vida de arriba.

*Te daré tesoros escondidos en la oscuridad, riquezas secretas.*
*Lo haré para que sepas que yo soy el Señor,*
*Dios de Israel, el que te llama por tu nombre.*
Isaías 45:3, NTV

*¡Un **timbal** es una especie de tambor!*
*Una **sinfonía** es una hermosa canción tocada por muchos instrumentos al mismo tiempo.*

# VIDA EN LA GRIETA DE UNA ACERA

## PAUSA

*Hay un lugar rocoso,*
*en el pavimento junto al arcén,*
*donde la tierra es tan dura*
*que nada parece crecer.*

*Donde los autos pasan rápido,*
*los zapatos suenan al atardecer,*
*donde el sol brilla fuerte*
*y las semillas no pueden caer.*

*"¡No podemos crecer aquí!",*
*proclaman frunciendo el ceño,*
*"Es aterrador y veloz;*
*¡parece un mal sueño!".*

*Pero una pequeña semilla cae*
*en una pequeña abertura,*
*y se entierra profundamente,*
*demasiado ocupada en su locura.*

*Echa raíces y brota,*
*luego crece y se hace grande,*
*hasta que una pequeña flor florece,*
*hermosa y pequeña, tambaleante.*

*Su brillante cabeza se mueve*
*al ritmo del viento que pasa,*
*y otras semillas van pensando:*
*"¡Ahí podemos hacer nuestra casa!".*

*Una niña pasa caminando*
*y ve la flor soleada*
*en la acera tan ajetreada,*
*y los autos pasan de forma alocada.*

*Se le dibuja una sonrisa;*
*entonces se agacha de prisa,*
*mira la grieta y piensa en un instante*
*"¡Cuánta vida hay por delante!".*

## PIENSA

Sí, parece imposible que una semilla tan pequeña pueda crecer en un lugar tan duro, ¿no es cierto? ¡Esa acera (o calle, estacionamiento, etc.) es tan dura que ni siquiera las personas grandes se hunden en ella! Pero mira cómo una pequeña semilla pudo crecer ahí, todo por una grieta.

Recuerda: que algo sea difícil no significa que sea imposible. Y aunque algo esté agrietado o roto, ¡a veces ese lugar roto permite que crezca nueva vida!

## ORA

Dios, a veces nos encontramos en lugares difíciles. ¡Gracias porque tú estás ahí con nosotros! Tú nos darás fuerzas para crecer en ese lugar y nunca nos dejarás, ni por un segundo. Ayuda a que nuestras vidas muestren esto a los demás, para que ellos también sonrían con esperanza, como la niña del poema.

## JUEGA

***Tejido natural***

Arranca una hoja de tu diario de naturaleza. Dóblala por la mitad verticalmente. Guía a los niños para hacer un corte o rasgadura a lo largo del borde doblado, de forma horizontal, deteniéndose a unos 2.5 cm del borde exterior vertical. Continúa haciendo estos cortes en paralelo a lo largo de toda la hoja, en tiras de unos 2.5 cm de ancho. Desdóblala y, ¡ahí lo tienes!, un telar natural.

Haz que los niños reúnan piezas largas de hierba, ramitas, flores, dientes de león, hojas, tréboles, etc. Si no están en una temporada de crecimiento en la zona, también sirven restos secos de la naturaleza. Usando su "cosecha", entrelacen los elementos naturales en el telar. Hablen sobre cómo gracias a las "grietas" en el papel ¡pudieron crear una hermosa obra de arte!

En casa, pueden prensar el tejido entre libros pesados (poniendo el arte entre papel encerado, papel pergamino u otro papel) hasta que se seque. O simplemente exhibirlo hasta que termine su tiempo.

## COMPLEMENTA

*Siete canciones populares españolas:* IV. "Jota"
Manuel de Falla (arreglo de Paul Kochanski)

*Si tendiera mi lecho en el fondo de los dominios de la muerte,*
*también estás allí.*
Salmos 139:8b, NVI

*Las estrofas de cuatro versos con rima se llaman* ***cuartetos.*** *¿Puedes encontrar otros poemas en este libro que tengan cuartetos?*

# HIERBA

## PAUSA

*Jungla trepadora y extensa donde el cielo se entrelaza con la tierra*

*Escenario rodante y ondulante iluminado por el sol donde la brisa y la luz encantan*

*Puntos de apoyo ondulantes y mecedores, la aventura te espera*

*Alfombra cosquilleante y punzante para esta danza descalza bajo la luz de las estrellas*

## PIENSA

¡La hierba es increíble! A veces lo vemos tanto que se nos olvida notar que un gran universo verde está brotando de la tierra color café, transformando un lugar duro en algo suave. Extiende tu palma y pásala sobre el pasto... ¿Sientes cuán suave es? Es como un susurro sobre tu piel. (Invita a los niños a susurrar la palabra *susurro* mientras pasan su palma por las puntas del pasto). Miles y miles de semillas de pasto brotan en hojas verdes para formar esta alfombra viviente para ti.

## ORA

Dios, gracias por haber creado el pasto. Usaste una de las semillas más pequeñas del mundo para lograr una de las transformaciones más grandes. Haces que la vida brote donde no la había, y haces que un lugar duro se vuelva suave, todo a través del trabajo de estas semillas diminutas. Gracias por usar cosas pequeñas para hacer cosas muy grandes.

## JUEGA

Según el nivel de comodidad, lo siguiente puede hacerse con o sin zapatos. Si los niños se quitan los zapatos, pregúntales: "¿Cómo se siente la hierba en tus pies?", y hablen sobre eso para vivir una experiencia multisensorial. Ten cuidado con abejas, espinas, piedras, etc. (Consulta la sección "Maravilla en lo Salvaje" al final del libro para saber cómo guiar a los niños a detectar peligros).

***Búsqueda del tesoro***

Haz que los niños busquen lo siguiente en la hierba:

Una brizna de hierba gruesa

Una brizna de hierba delgada

Un trébol

Un diente de león amarillo

Un diente de león blanco y esponjoso

Una hoja

Un insecto (pueden dejarlo donde está)

Un lugar soleado

Un lugar con sombra

Pueden gritar cuando encuentren algo. Omite los elementos que no encuentren y añade otros que estén presentes en tu zona. Después, permite que jueguen libremente: correr, zigzaguear, caminar como cangrejo, hacer volteretas, ruedas, girar, saltar o jugar a las atrapadas.

## COMPLEMENTA

*Frühlingsstimmen* ("Voces de primavera"), Op. 410
Johann Strauss II

(Desafía a los niños a igualar la velocidad de la música con su juego o carrera cuando se acelere).

*Si así viste Dios a la hierba que hoy está en el campo [...], ¿no hará mucho más por ustedes [...]. Así que no se preocupen diciendo: "¿Qué comeremos?", o "¿Qué beberemos?" o "¿Con qué nos vestiremos?". [...] su Padre celestial sabe que ustedes las necesitan.*
Mateo 6:30-32, NVI

*Un poema en el que las palabras forman una imagen (como las colinas onduladas que podrían parecer las líneas de este poema) se llama* **poema concreto**. *Para intentar uno, dibuja primero la silueta de una imagen con lápiz. Luego, escribe tus palabras encima con una pluma. Cuando la tinta se haya secado, borra las líneas de lápiz. ¡Disfruta tu poema concreto!*

# POR EL CAMINO

# CUANDO HAY UN OBSTÁCULO DELANTE

## PAUSA

*Cuando el camino se vuelve escabroso*
*y la cima parece inalcanzable,*
*si te sientes algo tembloroso,*
*recuerda este verso amable:*

*No necesitas cruzar la montaña*
*ni saltar sobre el ancho lago,*
*si la duda en tu mente se empaña,*
*un* ***paso*** *necesitas y sin rezago.*

*Un* ***paso*** *más te acerca al destino,*
*un* ***paso*** *allana tu jornada,*
*y el sendero, antes tan mezquino,*
*se vuelve una ruta iluminada.*

*Ese* ***paso*** *lleva a otro enseguida,*
*y otro más vendrá tras ese,*
*avanzando, la senda es tu vida,*
*y tu espíritu se engrandece.*

*Mira atrás y observa el sendero,*
*todo el trayecto recorrido,*
*comenzó con un paso sincero*
*que te ha traído hasta este nido.*

## PIENSA

Cuando algo que está por delante parece difícil, empinado o lleno de baches, es fácil que pensemos: "¡Esa colina es más grande que yo! Va a ser demasiado difícil". Pero ¿sabes qué? Dios hizo esa colina, y también te hizo a ti, y estará contigo en cada paso del camino. Con su ayuda, podemos hacer cosas difíciles. Al final del recorrido nos asombraremos de las cosas increíbles que pudimos ver y hacer. ¡Ánimo! ¡Tú puedes hacerlo!

## ORA

Señor, cuando el camino por delante parezca demasiado difícil, te pido que me ayudes a sentir tu presencia. Ayúdame a saber que nunca me abandonarás. Ayúdame a enfocarme solo en el siguiente paso con tu fuerza, y a ver tu maravillosa creación a lo largo del camino. ¡Gracias por estar siempre ahí para ayudarnos!

## JUEGA

Si vas colina abajo por donde sabes que después regresarás subiendo, dales a los niños una tiza para escribir en el suelo. Mientras bajan, que dibujen líneas o imágenes a lo largo del camino. Luego, al regresar cuesta arriba, usen esos dibujos como puntos de referencia, diciendo cosas como: "Sé que parece una subida muy larga, pero veamos si podemos llegar hasta la línea/el dibujo que sigue". Cuando lleguen, ¡deténganse a celebrar! Descansen si es necesario. Luego, pregunten si alguien ve la siguiente línea o dibujo, y comiencen la siguiente parte del camino.

Si están en una colina por la que no bajaron antes, modifiquen la ruta eligiendo destinos pequeños por turnos. "Vamos a llegar hasta [la piña, la rama, la boca de incendios, la señal de alto, etc.]". Tomen turnos para elegir el siguiente punto de referencia a corta distancia y celebren cuando lleguen a cada uno. Los niños pueden recoger objetos pequeños usados como referencias, como piedritas, piñas o ramitas para añadir a su Tarro de Maravillas en casa.

## COMPLEMENTA

"Promenade" (Walking the dog)
George Gershwin

*Levantaré mis ojos a los montes;*
*¿De dónde vendrá mi ayuda?*
*Mi ayuda viene del Señor,*
*Que hizo los cielos y la tierra.*
Salmos 121:1-2, NBLA

*Para celebrar el camino con quienes puedan ir en silla de ruedas o en cochecito, reemplaza la palabra "paso" por "centímetro" en este poema.*

# CUANDO SE COMPARTE EL GOZO

## PAUSA

*¿Puedes oírla en el aire?*
*La risa*

*viene después*
*de la sonrisa de alguien.*

*¿Puedes verla expandirse ampliamente?*
*Sonriendo*

*desde el gozo*
*acumulado en lo profundo generosamente.*

*¿Puedes sentir su burbujeo?*
*El deleite*

*puede ser brillante y*
*envolvernos en gozo pleno.*

*¿Puedes sentir el calor que da?*
*La alegría es*

*una historia que*
*invita a nuestros corazones a crecer más.*

## PIENSA

La Biblia dice que al seguir su camino, ¡Dios hará crecer nuestro corazón! (Salmos 119:32). Una de las maneras de seguir su camino es alegrarse con los que están alegres (Romanos 12:15). Cuando vemos que alguien vive algo maravilloso, como hacer un gran descubrimiento, recibir buenas noticias, o incluso abrir un regalo, a veces deseamos que nos hubiera pasado a nosotros. Pero ¿sabes qué? Nuestro corazón puede aprender a alegrarse simplemente por el hecho de que otra persona esté feliz. ¡Qué regalo! Así que cuando veamos a alguien sonreír, o lo escuchemos reír, o veamos que su rostro se ilumina, demos gracias por su alegría hoy.

## ORA

Jesús, no tenías que crear la risa, o las sonrisas, o la alegría... pero lo hiciste, y te damos gracias por esa buena creación. Gracias por los momentos en que la experimentamos y gracias por los momentos en que la experimentan otros. Ayúdanos a alegrarnos con la felicidad de los demás, y gracias por la oportunidad de hacerlo.

## JUEGA

### *Desafío de la sonrisa*

Para ilustrar cómo la alegría puede ser contagiosa, invita a tus niños a jugar una versión del juego de las miradas. Las reglas son que deben mirarse sin romper el contacto visual y tratar de no sonreír. Pueden hacer caras chistosas, tararear o contar chistes, o quedarse en silencio y esperar a ver quién sonríe o se ríe primero. ¡La mejor parte es que, en cuanto uno lo hace, todos los demás también! Menciona esto al final y disfruten juntos de esa alegría compartida.

Extra: pregunta si hay alguien en su corazón a quien les gustaría llevarle alegría hoy. Ora y hablen sobre ideas: ¿Podrían llevarle a alguien un ramo de flores? ¿Hornear galletas? Lleven a cabo su plan, observen la alegría que provoca... y la alegría que también les dará a ustedes.

## COMPLEMENTA

"Oda a la alegría" (versión para piano)
Ludwig van Beethoven

*Gócense con los que se gozan.*
Romanos 12:15, NBLA

# CUANDO ALGUIEN CAMINA TRISTE POR LA CALLE

## PAUSA

*¿Has visto a alguien cabizbajo,*
*con gesto triste y sin color,*
*y te preguntaste, sin trabajo,*
*qué hacer allí, con tanto dolor?*

*No tienes que arreglar su pena,*
*ni transformar su ceño en sonrisa,*
*pero hay razón en esta escena,*
*para que hagas algo, y de prisa.*

*Tal vez un gesto puedas dar,*
*una sonrisa al caminar,*
*o un tesoro al alcanzar,*
*que hallaste al paso, sin buscar.*

*O simplemente al pasar,*
*una oración puedes decir:*
*"Dios, ven su alma a consolar;*
*es tu obra, tu porvenir".*

## PIENSA

A veces, cuando vemos tristeza no sabemos qué hacer. Desearíamos poder hacer que todo mejore para la persona triste, pero no estamos seguros de cómo hacerlo.

La maravillosa noticia es... ¡estás marcando la diferencia solo por estar ahí! Piensa en esto: podrías ser la única persona en el mundo que está orando por la tristeza de esa persona en este mismo momento. Dios sabe exactamente cómo ayudar a esa persona, y la está ayudando al invitarte a orar por ella, y tal vez incluso a hacer algo pequeño... que para ella podría ser algo muy grande.

## ORA

Jesús, tú siempre estás con nosotros, en los buenos momentos y en los difíciles. Tú también pasaste por tiempos difíciles, y sabes cómo acercarte a quien tiene el corazón herido. Oramos por [inserta descripción: la persona que vimos hoy, el nombre de la persona, etc.], y confiamos en que tú la fortalecerás cuando se sienta triste. Por favor, dale esperanza, y muéstranos si hay algo que quisieras que hiciéramos por ella.

## JUEGA

### *Crea consuelo*

¿Alguna vez tu tristeza fue menor cuando alguien de tu familia secó tus lágrimas, te dio un abrazo tierno, o se sentó contigo a leer o jugar un rato? Esa sensación de "mejoría" se llama *consuelo.*

Podemos ayudar a dar consuelo a quienes están tristes al hacerles saber que estamos pensando en ellos. Una manera de hacerlo es crear una tarjeta o un dibujo para regalarles. Tómate un tiempo hoy para colorear, dibujar, o pintar imágenes o tarjetas. ¡Puedes escribir también un versículo bíblico que dé esperanza, si lo deseas! Guarda algunas de tus creaciones en tu kit de aventuras.

La próxima vez que salgas, ora para que Dios te muestre a alguien a quien darle el regalo de alegría o consuelo. Junto con tu persona adulta, decide quién podría ser, y elige una de tus creaciones para entregársela. Puedes decir algo sencillo como: "Aquí tienes. ¡Esto es para ti!".

## COMPLEMENTA

Sonata para piano n.º 8 en do menor, Op. 13
(*Sonata Patética*): II. Adagio cantabile
Ludwig van Beethoven

*Bienaventurados los que lloran,*
*porque ellos recibirán consolación.*
Mateo 5:4

Versículos que podrías escribir en tus creaciones:

*Por la mañana habrá gritos de alegría.*
Salmos 30:5b, NVI

*Pero los que confían en el Señor*
*renovarán sus fuerzas;*
*levantarán el vuelo como las águilas,*
*correrán y no se fatigarán,*
*caminarán y no se cansarán.*
Isaías 40:31, NVI

# CUANDO SE INTERRUMPEN LOS PLANES

## PAUSA

*¡Todo listo! ¡Vamos ya!*
*Pero alguien dice: "Espera... ¡ah!".*

*Alguien se enfermó, el clima es gris,*
*se necesita ayuda, o habrá un desliz.*

*Tus planes se rompen, tu ánimo baja,*
*y sientes que el día se desbarata.*

*¿"Interrupción"? ¡Sí, así suena!*
*¡Como un volcán que se desencadena!*

*Pero espera un poco... no hay erupción,*
*un cambio tal vez traiga emoción:*

*Una nueva forma de mirar;*
*una aventura por explorar.*

*¿Alguien enfermo? ¿Qué podemos dar?*
*¿Llueve sin tregua? ¡A imaginar!*

*Los planes esperan, no es el fin,*
*¡podemos jugar sin salir del jardín!*

*Con calcetines patinar por el piso,*
*o hacer un fuerte con gran compromiso,*

*recortar copos, reír a montón,*
*¡hasta quedarnos sin respiración!*

*Si tus planes caen y tus sueños también,*
*¡Ánimo! ¡Busca qué puedes hacer!*

## PIENSA

¿Has estado esperando con ilusión que ocurra algo, y de pronto sucede algo que lo impide? Eso puede ser algo muy triste, y está bien sentirse decepcionado. Pero entonces, puedes elegir qué hacer con esa decepción: quedarte sentado en la tristeza o preguntar: "¿Qué aventura podríamos vivir en su lugar?". Hacer esa pregunta puede cambiar por completo tu día. Podrías ver o hacer algo que nunca habías planeado ni imaginado, ¡y que tal vez resulte ser la mejor aventura de todas!

Así que resiste, y vive este cambio de planes con emoción. Me pregunto qué tendrá Dios preparado para nosotros hoy.

## ORA

Dios, gracias porque, aunque los planes cambien, tú no cambias. Tú sigues siendo un Dios que nos ama y que puede darnos un plan diferente al que imaginamos; un plan que aún está lleno de bondad, esperanza, propósito, y hasta alegría. Por favor, danos ojos para ver la nueva aventura que tienes para nosotros hoy.

## JUEGA

***Lecciones de las geodas***

Las geodas son rocas que por fuera se ven muy simples y poco interesantes, pero una vez que se abren al romperlas, revelan un tesoro de cristales brillantes y coloridos. Conversen sobre cómo esto puede parecerse mucho a las interrupciones: por fuera pueden parecer aburridas o incluso molestas, pero si miramos un poco más allá, podemos encontrar el tesoro de aventuras, recuerdos, y nuevos caminos que de otro modo nunca habríamos descubierto.

Para que este sea un momento práctico y didáctico, compra un kit de geodas en línea o en una tienda de manualidades y guárdalo para sacarlo cuando tengas una interrupción y puedas usar esta actividad. O crea tu propia geoda cortando un cartón de huevos en cráteres individuales (déjalos con bisagras si es posible, para que cada parte tenga una parte superior e inferior). Colorea o decora el interior y ¡disfruta de tus coloridas creaciones!

## COMPLEMENTA

Sinfonía n.º 94 en sol mayor, Hob. I:94
(La Sinfonía Sorpresa): II. Andante
Joseph Haydn

Fíjate en cómo esta sinfonía, que tiene varias notas que suenan sorpresivas, cambia de tono justo después del minuto dos. Luego, unos treinta segundos más tarde, vuelve a cambiar de ese sonido sombrío a algo con una nueva vivacidad. ¿Cómo se parece esto un poco a las interrupciones que cambian nuestros días de modo inesperado para regalarnos aventuras inesperadas?

*El corazón del hombre traza su rumbo,*
*pero sus pasos los dirige el Señor.*
Proverbios 16:9, NVI

# CUANDO ESCUCHAS UN PEDACITO DE MÚSICA

## PAUSA

*Escucha estas cosas prestadas,*
*golpeteadas en pianos, en cuerdas tocadas,*
*una pieza de música que el viento se lleva,*
*mientras las notas caen,*
*mi corazón se eleva.*

## PIENSA

La música es invisible, pero puede llenar una habitación, meterse dentro de ti, envolver tu corazón y darte alegría, consuelo y paz. Nadie puede ver nada de eso, ¡pero muchas veces puedes sentir que está ocurriendo algo extraordinario y asombroso! Y aquí hay algo más increíble: si miras las teclas de un piano, verás que solo hay un número limitado de notas. El teclado no se extiende hasta el infinito, ¿verdad? Aun así, esas notas son como piezas de un rompecabezas que se han combinado de millones de maneras distintas para crear diferentes canciones durante miles de años... y todavía se están usando de maneras completamente nuevas para crear canciones nuevas también. La música es un regalo, y Dios nos dio oídos para oírla. Le encanta que disfrutemos de los regalos que Él hizo para nosotros... ¡y también podemos usar la música para alabarlo!

## ORA

Dios, cuando escuchemos música, ayúdanos a recordar que disfrutemos del regalo que es. Tú la hiciste para nosotros, nos hiciste para disfrutarla, y te alabamos y te damos gracias por esta obra tan buena. Por favor, usa hoy la música para bendecir a las personas de maneras especiales.

## JUEGA

***Instrumentos de la naturaleza***

Toma un momento para observar y escuchar tu entorno, ya sea en un patio, parque, sendero, zona de juegos, u otro espacio al aire libre. ¿Qué ves que se mueve? ¿Qué escuchas? Ahora, reta a los niños a ser creativos y elegir un "instrumento encontrado": dos palitos para chocar entre sí, una rama baja con hojas para hacerla sonar, un montón de hojas secas para pisar, un tronco o cualquier otro objeto para golpear con las manos como si fuera un tambor, o tal vez el instrumento es su propia voz o un silbido. Reproduce una canción favorita de alabanza solo por diversión desde tu teléfono, o simplemente cántenla juntos e invítalos a tocar con sus instrumentos.

## COMPLEMENTA

*25 Études Faciles et Progressives,* Op. 100: VII.
"Le Courant Limpide"
Friedrich Burgmüller

*Toda la tierra te adorará, y cantará alabanzas a Ti,*
*cantará alabanzas a Tu nombre.*
Salmos 66:4, NBLA

# CUANDO EL MIEDO TE VISITA

## PAUSA

*Hay algo raro, a veces escondido,*
*mi estómago me duele, como si me hubieran mordido.*
*Un escalofrío sube en mi ser,*
*y siento que todo va a suceder mal, tal vez...*

*(podrías decir que tengo miedo)*

*Y entonces quiero ya regresar,*
*no paro de pensar, pensar...*
*En todo lo que puede fallar,*
*la lista crece sin parar...*

*(podrías decir que tengo miedo)*

*Pero tú, Dios, eres aún más fuerte;*
*me invitas a confiar y conocerte,*
*tengo que seguir contigo sin titubear,*
*contigo en mí, puedo avanzar...*

*(podrías decir que no estoy solo)*

*Y mientras crezco y veo al andar,*
*el miedo viene, pero puedo actuar,*
*decido hacerlo sin dudar:*
*¡el Rey del mundo me va a cuidar!*

*(y con Él, yo soy valiente)*

*Así que cuando me quiero esconder,*
*tu esperanza y tu luz puedo ver.*
*Quiero vivir contigo siendo valiente,*
*mirando este mundo sin temblar, de frente.*

## PIENSA

¿Alguna vez has sentido el miedo? No eres el único. El miedo no es nada divertido, pero te prometo que no estás solo. Muchísimas personas sienten miedo, y por muchas razones distintas. Cuando el miedo aparece, quizás deseamos que simplemente desaparezca, pero ¿sabes qué? Podemos hacer algo todavía mejor. Podemos llevarlo al Dios de todo el universo, que se interesa profundamente por todo lo que estamos enfrentando. ¡Él incluso nos ha dado instrucciones muy útiles para convertir el miedo en paz!

## ORA

Dios, mientras estamos en esta aventura y sentimos miedo ante cosas inesperadas, ayúdanos a tener cuidado y estar a salvo, pero también a recordar que tú nos has dado un espíritu de valentía. Incluso cuando no nos sentimos valientes, tú puedes fortalecer nuestro corazón para dar el siguiente paso. Nos creaste para hacer cosas grandiosas, pero no nos pides que las hagamos solos. Tú te quedas con nosotros en cada paso del camino y nos das todo lo que necesitamos. ¡Gracias por ser un Dios que está cerca!

## JUEGA

***Arte de transformación***

Filipenses 4:6-8 (NVI) ofrece una hermosa instrucción para transformar la preocupación, el miedo y la ansiedad en paz:

"No se preocupen por nada; más bien, en toda ocasión, con oración y ruego, presenten sus peticiones a Dios y denle gracias. Y la paz de Dios, que sobrepasa todo entendimiento, cuidará sus corazones y sus pensamientos en Cristo Jesús. Por último, hermanos, consideren bien todo lo verdadero, todo lo respetable, todo lo justo, todo lo puro, todo lo amable, todo lo digno de admiración, en fin, todo lo que sea excelente o merezca elogio".

Juntos hagan una lista de todo lo que sea verdadero, digno, justo, puro, hermoso, admirable, excelente o digno de alabanza. Para niños muy pequeños, puedes simplificar esto diciendo: "Hagamos una lista de todas las cosas maravillosas que vemos, o todas las cosas a nuestro alrededor que nos gustan". Esto invita a los niños a cambiar su enfoque del miedo hacia la gratitud; no para ignorar el miedo, sino para entregárselo a Dios con confianza, acercarse a Él, y seguir adelante juntos.

Para una representación visual de la transformación del miedo, invita a los niños a crear un diseño colorido con marcadores sobre una hoja de papel en blanco. Luego colorea una capa gruesa de crayón negro sobre todo el diseño, y deja que los niños usen el borde de una moneda, una tapa de bolígrafo u otro objeto para raspar divertidos diseños sobre la capa negra, revelando la vida que hay debajo. También puedes ahorrar tiempo comprando hojas de arte listas para rascar.

## COMPLEMENTA

"Fanfarria para el hombre común"
Aaron Copland

Nota cómo los tambores iniciales, que parecen de advertencia, pronto se transforman en un coro de metales triunfante y alentador.

*¡Todo lo puedo en Cristo que me fortalece!*
Filipenses 4:13

# CUANDO ESTÁS ESPERANDO

PAUSA

*Estás avanzando, pasándola bien,*
*¡listo para lograr grandes cosas también!*
*Estás en aventuras, comenzando tu vaivén*
*¡Cuando de repente, tú*
*te detienes!*
*E s p e r a.*

*La diversión se detuvo. No más tiempo para jugar;*
*hay algo que se interpone en tu caminar.*
*Tu felicidad se empieza a disipar*
*cuando cautelosamente*, tú*
*te detienes.*
*E s p e r a.*

*Parado en la fila o esperando con antojo,*
*parpadeas y piensas en un semáforo en rojo.*
*Y justo antes de quejarte un poco,*
*lo sabes…*

*E s p e r a.*
*Te detienes.*

*¿Qué es eso que ves? Espléndida algarabía;*
*has visto algo que no conocías.*
*¡Y allí! ¡Y allí! Brotan maravillas...*
*¡Este detenerse, esperar, puede traer alegría!*

## PIENSA

Esperar puede ser difícil, ¡especialmente cuando vamos de camino a algo divertido! Pero piensa en esto: si tienes que esperar cinco minutos, ¿preferirías esperar cinco minutos feliz o cinco minutos enojado? Mira el "tiempo de espera" como bolsillos escondidos de aventura. Algunas personas dicen que si sumas todo el tiempo que pasas esperando en filas o en semáforos durante toda tu vida, ¡ese tiempo podría sumar meses o incluso años! Qué emocionante que podamos elegir cómo pasar todo nuestro tiempo de espera... y que si escogemos hacerlo, también podemos descubrir cosas alegres justo aquí, mientras esperamos.

## ORA

Dios, tú creaste tiempos de espera igual que creaste tiempos de acción. De hecho, ¡esperar también puede ser una acción! Por favor, ayúdanos a ver maneras de hacer que nuestros tiempos de espera sean importantes. Tú sabías exactamente dónde estaríamos en cada momento que creaste. Gracias por el regalo del tiempo... y de la espera.

## JUEGA

### *Aprovecha el tiempo*

Elige una de estas maneras de llenar tu tiempo de espera con cosas fructíferas:

- **Busca una manera de ayudar**: entrena a tus hijos para que pasen de ser observadores a ser ayudantes comprometidos, y para que desarrollen una perspectiva de servicio. Dondequiera que estés esperando, mantente atento a oportunidades para ayudar. Por ejemplo, ¿alguien dejó caer algo mientras esperaban en la tienda? Si sientes que la situación es segura, anima a tu hijo a entregarle el objeto a esa persona. Otra manera de ayudar es usar el tiempo para orar juntos por alguien.

- **Juega "Veo algo interesante"** (una nueva versión del "Veo, veo"): tomen turnos para elegir algo que vean, escuchen o huelan. Di: "Veo algo interesante, y su color es..." o "Suena como..." o "Huele a...". Los demás deben turnarse para adivinar qué es. Puedes pedir una pista adicional en cualquier momento del juego.

## COMPLEMENTA

Sinfonía n.º 8 en fa mayor, Op. 93: II.
Allegretto scherzando
Ludwig van Beethoven

Nota cómo el ritmo de los instrumentos se asemeja al tictac de un reloj.

*Enséñanos a contar bien nuestros días,*
*para que nuestro corazón adquiera sabiduría.*
Salmos 90:12, NVI

* *Cautelosamente significa "No estoy muy seguro de esto...".*

# ESTACIONES

# BROTES DEL ÁRBOL EN LAS CUATRO ESTACIONES

PAUSA

Lee cada sección durante su propia estación, o las cuatro juntas para tener una amplia perspectiva del ciclo de un árbol.

## PRIMAVERA

*El brote primaveral es una hoja doblada,*
*guardada en su funda,*
*pequeña, delicada.*

*Brote primaveral se entibia al sol,*
*afloja su abrazo,*
*se suelta sin control.*

*Hoja primaveral despliega su arruga,*
*como arte guardado,*
*se estira sin duda.*

*Tan solo espera...*

## VERANO

*Del árbol de verano brota un pequeño capullo*
*justo en la base*
*de una verde hojita, suave como un arrullo.*

*Sigue el tallo hasta el origen fiel,*
*como flecha en rama*
*imagina si puedes ver.*

*En la danza de hojas sobre el tronco animado,*
*el árbol se alista*
*para el invierno helado.*

*Tan solo espera...*

## OTOÑO

*Los brotes de otoño se encuentran fácilmente,*
*ahora se revelan*
*cuando las hojas caen lentamente.*

*Las ramas crujen y tintinean con la tormenta*
*los brotes resisten*
*mientras el torbellino aumenta.*

*Los pequeños bultos no parecen gran cosa,*
*pero guardan un tesoro*
*aunque el árbol ya no tenga hojas.*

*Tan solo espera...*

## INVIERNO

*El brote de invierno es una cápsula de esperanza,*
*una vislumbre del futuro,*
*un pequeño telescopio que revela esperanza.*

*Una hojita dentro, como en capullo guardada,*
*el árbol se aquieta*
*bajo una luna plateada.*

*Proteger es su meta, y la promesa es su canción,*
*hay vida guardada en su interior*
*en esta larga y fría estación.*

*Tan solo espera...*

## PIENSA

Se necesita cada estación para que los brotes de los árboles creen la vida que logran, y podemos aprender mucho de ello.

En PRIMAVERA, el árbol trabaja y crece, comenzando "en pequeño" para lograr cosas grandes.

En VERANO, el árbol está lleno de vida. Ofrece sombra, fuerza, refugio, y un lugar para jugar.

En OTOÑO, el árbol suelta sus hojas en una muestra de belleza, alegría y preparación para la siguiente estación.

En INVIERNO, el árbol descansa, protegiendo la vida que los brotes están guardando para la primavera.

Trabajo, crecimiento, juego, compartir alegría, descanso... todas son creaciones muy buenas de Dios. Para los árboles, ¡y para nosotros también!

## ORA

Dios, gracias porque has escondido vida dentro de esos pequeños paquetitos llamados brotes, y porque de ellos nacen hojas que dan sombra, bailan bajo el sol, y aplauden juntas en el viento. Gracias porque los árboles nos enseñan que esperar puede dar cosas muy buenas.

## JUEGA

***Espía la estación (las cuatro estaciones)***

Observar con atención un mismo árbol en diferentes momentos del año (¡o incluso del día!) puede revelar un universo escondido de vida. Lee cada poema de los "brotes" en su estación correspondiente e invita a los niños a colorear, dibujar, pintar, o tomar una foto del mismo árbol en cada estación. Una vez que tengan más de un dibujo estacional, tómense un tiempo para admirar las diferencias y similitudes que puedan observar juntos. Para niños mayores, pueden extender la actividad creando un diagrama de Venn y llenándolo con palabras e imágenes coloridas.

***Laberinto de ramas (otoño, invierno, primavera)***

Recojan ramitas que hayan caído al suelo. Observen los brotes juntos y luego usen las ramas para formar los bordes de un laberinto o camino serpenteante. Para niños pequeños, da más orientación dibujando una línea en la tierra y pidiéndoles que coloquen las ramas encima. Para los mayores, permíteles decidir hacia dónde irá el camino o laberinto. Cuando esté listo, recorran el camino juntos. Háganlo una vez caminando, otra corriendo, otra saltando, otra brincando. Conversen sobre cómo, así como ustedes recorren el camino, la vida también se abre paso lentamente por las ramas de arriba.

## COMPLEMENTA

PRIMAVERA: *Appalachian Spring:*
VII. Doppio Movimento
Aaron Copland

VERANO: *Capriccio espagnol,*
Op. 34: III. "Alborada"
Nikolai Rimsky-Korsakov

OTOÑO: Solfeggio en do menor, Hob. 220
Carl Philipp Emanuel Bach

INVIERNO: Concierto n.º 4 en fa menor, Op. 8, RV 297
("Invierno"): Allegro non molto
Antonio Vivaldi

*Hay un tiempo señalado para todo,*
*y hay un tiempo para cada suceso bajo el cielo: [...]*
*Tiempo de derribar, y tiempo de edificar.*
Eclesiastés 3:1, 3b, NBLA

*Un brote es como un pequeño paquetito donde el árbol forma una hoja diminuta, doblada para caber en un espacio tan pequeño. La forma en que se dobla se llama* ***ptixis****, ¡y es diferente para cada tipo de árbol! Para ver un brote como el que se describe en este poema, busca un árbol de la especie* ***encina viva****.*

# PRIMER VERDOR

## PAUSA

*Va un capullo*
*cuan bella la estación.*
*Verde surgirá...*

## PIENSA

Una bisagra es algo de lo que cuelgan y giran cosas pesadas. Una puerta tiene bisagras, y cuando la abres, ¡estás en un lugar completamente nuevo! Después de un largo invierno, cuando ves los primeros rastros diminutos de verde en las hojas de pasto o en otras plantas y hojas, es como si las estaciones giraran sobre una bisagra: del invierno a la primavera. Pronto entrarás en un mundo completamente nuevo, ¡pintado con vida colorida!

## ORA

Gracias, Señor, porque grandes cambios pueden venir a través de cosas pequeñas. Cuando vemos a la tierra cobrar vida en la primavera, te damos gracias por el regalo de la esperanza y porque cada cosa pequeña importa.

## JUEGA

***Pintura del ahora y después***

Dobla una hoja de papel en blanco por la mitad y luego desdóblala. Escribe la palabra *Ahora* en el lado izquierdo de la hoja y *Después* en el lado derecho. Invita a los niños a pintar (o dibujar, colorear o hacer un calco con lápiz de cera) la escena o el "primer verdor" que tienen frente a ellos, tal como se ve ahora. Luego, hablen juntos sobre cómo con el tiempo, más y más cosas se volverán verdes, comenzarán a florecer y crecerán más altas y más anchas. Imaginen juntos cómo podría verse la escena cuando eso suceda, y luego invítalos a llenar la mitad *Después* de la página con lo que imaginaron.

## COMPLEMENTA

Quinteto de cuerdas en do mayor, Op. 30, No. 6, G. 324
("La música nocturna de las calles de Madrid"):
IV. Allegro vivo, "Los Manolos"
Luigi Boccherini

*¡Voy a hacer algo nuevo!*
*Ya está sucediendo, ¿no se dan cuenta?*
Isaías 43:19, NVI

*Este poema es un **haiku**, una forma tradicional de poesía japonesa que normalmente:*

- Tiene 3 líneas (5 sílabas, 7 sílabas, 5 sílabas)
- Incluye temas de la naturaleza
- No rima

Intenta crear uno junto con los niños. ¡La belleza del haiku está en su sencillez!

# MÁQUINAS DE PRIMAVERA

## (ODA A LOS TRACTORES)

PAUSA

*Esquinas oxidadas*
*Ruedas enormes*
*Grandes motores rugiendo.*

*Bisagras que crujen*
*Viejas tuberías*
*Terrones de tierra que van cayendo.*

*Con cucharas de metal y tornillos derechos*
*Tu fuerte trabajo construye y asienta*
*Para que se alcen muros y se sienten techos*
*Un refugio contra las tormentas.*

*Fuegos crepitantes*
*Páginas que se pasan*
*Voces que ríen cantando.*

*Pensamientos brillantes*
*Y palabras que mueven*
*Soñadores que sueñan soñando.*

*Mientras algunos construyen*
*Otros siembran semillas*
*Hacen surcos como una sierra.*

*Trabajando el campo*
*Y cultivando alimentos*
*Dando vida desde la tierra.*

*Raspadoras, retroexcavadoras*
*Y cosechadoras también,*
*Palas excavadoras cavando.*

*Excavadoras*
*Y Bobcats*
*¡Es esperanza lo que están creando!*

## PIENSA

¡Qué escena tan impresionante! Grandes máquinas moviendo tierra antigua de maneras completamente nuevas. El presente, el pasado y el futuro, todos reunidos en la escena frente a ti. ¿Sabías que, al igual que estos tractores, las cosas que hacemos hoy pueden marcar una gran diferencia mañana? Ellos mueven la tierra para crear edificios en los que vivir o trabajar, y campos para cultivar alimentos. Están trabajando arduamente para crear cosas para los demás. Tus acciones y tus palabras también pueden construir, ¡cosas como la alegría y la esperanza!

## ORA

Querido Señor, gracias por la oportunidad de construir. Ya sea que estemos haciendo una torre con bloques, una casa con tractores o una sonrisa con palabras, es un regalo ser parte de la creación. Gracias por ser nuestro Creador, y por la oportunidad de ser parte de esa obra. ¡Bendice a las personas que hoy están manejando los tractores!

## JUEGA

### *Miniatura de construcción*

Invita a los niños a observar lo que están haciendo los tractores. Juntos, imiten los movimientos a una escala más pequeña en la tierra, donde sea que estén, utilizando objetos que encuentren a su alrededor. Por ejemplo, usen un palo para dibujar un cuadrado en la tierra que represente el terreno en el que los tractores están trabajando. Los niños pueden encontrar una piedra, una roca o una ramita gruesa para que sea su "tractor". Pueden arar, excavar, colocar ramitas u hojas de pasto en forma de una base o las filas de un campo sembrado, insertar ramitas en posición vertical en el suelo para imitar la estructura de un marco de casa, etc. Mantenlo tan básico o detallado como desees. Para una versión más sencilla, deja que los niños solo dibujen lo que ven en la arena, usando un dedo o un palo.

## COMPLEMENTA

*Le Carnaval des Animaux*, V. "L'éléphant"
Camille Saint-Saëns

*Por tanto, confórtense los unos a los otros, y edifíquense el uno al otro, tal como lo están haciendo.*
1 Tesalonicenses 5:11, NBLA

# FLORACIÓN TOTAL

## PAUSA

*Sol de verano brillante,*
*la hierba verde que crece,*
*flores lucen radiantes,*
*como los reyes y reinas merecen.*

*Un toque de color capturado,*
*sinfonía en el aire,*
*un vals de viento elevado,*
*se inclinan con gran donaire.*

*Florecen pétalos saltando,*
*bailando con gran fervor,*
*el verano te está abrazando,*
*y el invierno pasa al calor.*

## PIENSA

Mira este mundo brillante y floreciente del verano. ¡Hay milagros por todas partes! Solo piensa: todos esos meses de invierno, fríos y sin color, ¡fueron los que ayudaron a que los colores del verano fueran posibles! Muchas plantas necesitan esa temporada de descanso, o cierto número de días fríos antes de poder crecer. Así que cuando estés viendo el pleno florecer del verano, también estás viendo el trabajo y el descanso del invierno.

## ORA

Dios, gracias por hacer que cada estación tenga un propósito y su propio tipo de belleza. Ayúdanos a recordar, en medio de los tiempos invernales, que el verano llegará pronto... y que se está haciendo un trabajo todo el tiempo para que esa belleza sea posible. Gracias por ser quien da buenos regalos.

## JUEGA

### *Captura de color*

Reúne una variedad de hojas, hierbas y flores coloridas y no tóxicas. En una superficie dura y plana, como el pavimento o una tabla de cortar protegida con papel encerado o plástico, colócalas con arte sobre una hoja de papel de acuarela (para que absorba). Coloca toallas de papel encima y, tomando las precauciones necesarias para proteger los dedos, golpea suavemente con un martillo cada parte de cada hoja, repitiendo según sea necesario, para liberar el pigmento de la hoja en el papel. Quita las toallas y las hojas para disfrutar del arte de pigmentos que queda en el papel. Los resultados variarán según el tipo de hoja; puede que quieras repetir el proyecto cuando veas cuáles funcionaron mejor. Para divertirte aún más, convierte tu impresión en una tarjeta de felicitación, un adorno para la pared o papel de regalo.

## COMPLEMENTA

Pinocho: II. "Verso l'avventura"
Alexander Litvinovsky

*Ya el invierno ha terminado,*
*y con él terminaron las lluvias.*
*Ya han brotado flores en el campo,*
*ha llegado el tiempo de los cantos.*
Cantar de los Cantares 2:11-12a

# FOGATA

## PAUSA

*¿Oyes crujir,*
*partir, chasquear,*
*la savia hervir*
*y echar vapor?*

*Naranja, azul, rojo,*
*luces sin antojo,*
*un mágico arrojo*
*para ti y para mí.*

*Chispas en la noche*
*giran con la estrella,*
*destellos que brillan*
*libres y sin huella.*

*Sombras que giran,*
*brasas suspiran,*
*llamas deliran,*
*¡qué calor!*

*Del árbol brota*
*una luz remota,*
*que en la noche flota*
*con fulgor.*

## PIENSA

¿Sabías que los árboles pueden tardar entre veinte y cincuenta años (¡o más!) en alcanzar su tamaño completo? Hay muchas razones diferentes por las que se elige un árbol para leña, pero casi siempre, los troncos en una fogata son más viejos que tú.

Durante toda su vida la luz del sol cayó sobre ese árbol, haciéndolo crecer fuerte y alto. Animales corretearon por él, abejas u otros insectos lo exploraron, y quizás algún pájaro anidó en sus ramas. Se mantuvo firme durante ráfagas de viento y noches tormentosas, empapado por la lluvia de tantas nubes... y ahora, en el último tramo de su historia, está dando el regalo de calor y luz para ti. Comenzó con luz y termina con luz. ¿No es asombroso?

Mientras disfrutamos de esta luz de fogata, podemos llenarnos de fuerza con la diversión y los recuerdos, ¡y salir a brillar en el mundo también! Al dar regalos de amabilidad, amistad, amor, ayuda y oraciones, podemos ayudar a calentar el corazón de los demás.

## ORA

Señor, tú hiciste los árboles hermosos en cada parte de su vida. Gracias porque aquí, junto a la fogata, podemos estar calientes y felices gracias a todas las estaciones y tormentas que este árbol soportó. Ayúdanos a ser fuertes en las tormentas para ofrecer luz a los demás.

## JUEGA

Habla sobre la seguridad contra incendios y establece reglas de proximidad que funcionen mejor para tu grupo.

### *Fogata con aplausos*

Siéntense alrededor de la fogata (o cerca de ella, si prefieren mantener más distancia por seguridad). Elijan a una persona para ser el líder. Explica que el trabajo del líder es cambiar de sonidos de vez en cuando (aplausos, pisadas fuertes, arrastrar los pies, chasquidos, susurrar "pop", decir "crac", hacer chasquidos con los dedos como si fueran chispas, golpear suavemente las rodillas con las manos, frotar las palmas, hacer sonidos como de viento, etc.). El trabajo de todos los demás es imitar cada sonido del líder, prestando mucha atención al momento en que cambia y copiándolo cuidadosamente. Demuestren algunos sonidos posibles, ¡y comiencen! El resultado es un coro que cambia poco a poco, imitando una escena junto a la fogata.

Tomen turnos para ser líderes, y si quieren, introduzcan nuevos sonidos en el juego.

***Dulces del fuego (para preparar con niños o para ellos)***

- ***S'mores:*** nubes tostadas (malvaviscos) entre galletas tipo graham (o cualquier otra galleta), junto con un trozo de tu barra de chocolate favorita.
- ***Conos de fogata:*** conos de helado vacíos, llenos de mini-malvaviscos, chispas de chocolate, frutas, etc., envueltos en papel aluminio o pergamino y calentados cerca del fuego.
- ***Eclairs de fogata:*** masa de *croissant* envuelta en un palito de madera, "horneada" sosteniéndola sobre el fuego hasta que se dore. Luego se desliza del palo y se rellena con pudín y crema batida.

## COMPLEMENTA

Sonata n.º 1 en sol menor, BWV 1001
Johann Sebastian Bach

(¡La versión para guitarra le da un aire perfecto para fogata!)

*Nadie enciende una lámpara para luego ponerla en un lugar escondido o cubrirla con una vasija, sino para ponerla en un candelero, a fin de que los que entren tengan luz.*

Lucas 11:33, NVI

# CAÍDA DE LAS HOJAS

PAUSA

Al estilo de "Galimatazo" ("Jabberwocky") de Lewis Carroll.

(Para los aventureros más jóvenes, busca el poema simplificado dentro del poema leyendo solo las palabras en negrita en voz alta).

*Era* ***otoño y*** *hojas al* ***viento***
***giraban*** *vivas* ***en movimiento,***
*un caleidoscopio* ***la luz del sol*** *recibe,*
*colores lanzaba y* ***nos ponía contentos.***

*"¡Mira caer las hojas, amigo!*
*¡Saltan libres, sin abrigo!*
*¡Observa su danza girar,*
*felices al suelo sin parar!".*

***Dulces susurros,*** *alborotada algarabía;*
*silencios y sueños* ***se abrían al día.***
*Brillan y bailan,* ***también van y vienen,***
*traídos* ***por el frío que todo sostiene.***

*Y en medio de la gran fiesta otoñal,*
*lanzamos, giramos, en juego jovial,*
*lluvia en la vereda haciendo cosquillas,*
*con sonrisas de hojas tan chiquillas...*

***¡Corre- corre!*** *¡Qué alboroto!*
*Crujen ramas,* ***¡clic y clac!***

*¡**Rataplán!** y en un minuto,*
***el viento las hace echarse atrás.***

*"¿Y ya giraste en el **frío temblor**,*
*entre bromas y risas de esplendor?*
*¡Oh, día radiante! **¡Ya es otoño aquí!***
***El suelo es arte hecho solo para ti**".*

*Era otoño, y hojas al viento*
*giraban vivas en movimiento:*
*un caleidoscopio al sol lucía,*
*y colores lanzaba con alegría.*

## PIENSA

¿Sabías que los árboles también comen? Solo que en lugar de llevarse comida a la boca, sus hojas contienen algo muy especial (¡y *muy* verde!) llamado clorofila, que transforma la luz del sol en energía. Esa energía ayuda a los árboles a crecer y mantenerse sanos… ¡igual que la comida lo hace contigo! Bastante asombroso, ¿cierto? Después del verano, cuando los días se hacen más cortos, los árboles producen menos clorofila. Y con menos verde cubriéndolas desde dentro, las hojas revelan todos esos otros colores que ya estaban ahí escondidos: rojo, naranja, amarillo, marrón. Podemos alegrarnos al ver estos tesoros ocultos salir a la luz.

## ORA

Jesús, tú nos llamas "la luz del mundo". Gracias porque nosotros también podemos captar luz al pasar tiempo contigo. Gracias por el color escondido que pusiste dentro de cada hoja, como un tesoro que sale para iluminar justo cuando los días comienzan a oscurecerse.

## JUEGA

***Arte en el suelo del bosque***

Recojan un conjunto de hojas variadas y ramitas hermosas. Para darle más emoción, pueden contar hasta diez mientras los niños corren a buscar lo más rápido que puedan. Limpien una parte del suelo para usarla como su "lienzo". Entonces acomoden sus tesoros en un patrón o escena interesante. Si quieren, pueden tomar una foto con el teléfono celular para guardar el recuerdo. Después, dejen su creación allí para que otra persona la descubra. ¡Tu arte atrapaluces alegrará su día!

## COMPLEMENTA

"Humoresque"
Antonín Dvořák

*Ustedes son la luz del mundo. [...],*
*que la luz de ustedes alumbre delante de todos,*
*para que todos vean sus buenas obras*
*y glorifiquen a su Padre, que está en los cielos.*
Mateo 5:14-16

*Un poema inspirado en otro poema ya existente se llama* ***After poem****. ¡Inténtalo! Busca un poema que te guste y usa su estructura para escribir uno propio. Asegúrate de cambiar las palabras y los temas, y siempre da crédito al original con una frase como "Inspirado en ______" o "Basado en ______".*

# MIGRACIÓN

## PAUSA

*Es un misterio asombroso, los pájaros allá arriba;*
*cada otoño se lanzan y cruzan la brisa*

*No es solo un saltito, ni un brinco casual...*
*estas valientes criaturas emprenden viaje total*

*de millas con plumas, y de plumas sin fin...*
*¿sabrán, desde abajo, que nos hacen sonreír?*

*No empacaron nada; ni abrigo ni manta,*
*solo sus alas y el alma que canta.*

*Surcan montañas, atraviesan tormentas,*
*como un suspiro que vuela buscando su esencia.*

*Son reyes del cielo, sin tronos ni reinos,*
*sus picos, su ingenio, y huesos pequeños.*

*Montan huracanes, cortan nubarrones,*
*ligeros, callados, sin grandes canciones.*

*Y vuelan, y giran, sus alas resuenan,*
*suben y bajan... ¿qué nueva escena les espera?*

*Pies sin el suelo, viaje sin rumbo,*
*cruzarán continentes, oirán truenos rotundos.*

*¿"Imposible" su viaje? Sí… lo parece...*
*¡pero Dios los creó justo para que eso suceda!*

## PIENSA

¿Sabías que cuando se acerca el clima frío, algunos tipos de aves, mariposas y otros animales se van a buscar un lugar más cálido para pasar el invierno? ¿Cómo saben cuándo deben irse y cómo llegar, incluso si nunca han hecho ese viaje antes y van completamente solos? Los científicos tienen buenas teorías, ¡pero nadie lo sabe con certeza! Es un hermoso misterio. Cuando ves un pájaro, ¿te parece posible que algo tan pequeño pueda hacer un viaje de miles de kilómetros, o incluso cruzar océanos enteros? Podría parecer imposible... y, sin embargo, Dios los creó con todo lo que necesitan para lograrlo. Cuando veas a las aves volando hacia el sur en invierno, ¡anímate! Dios también te da fuerzas para tus propios viajes.

## ORA

Dios, gracias por haber creado a las aves con todo lo que necesitan para hacer grandes viajes, que a veces parecen demasiado difíciles para ellas. Gracias por darnos también todo lo que necesitamos para el viaje de nuestra vida. Ayúdanos a pedirte fuerzas cuando las necesitemos, y a ver tus maravillas en cada lugar al que vayamos. Amén.

## JUEGA

### *Minimigración*

En un parque, patio o sendero natural, explica que las aves migran por dos razones principales relacionadas: la temperatura y la comida. Pide a los niños que observen todo a su alrededor y hagan juntos una lista de las cosas que observan (hierba, mesas de picnic, piñas, columpios, hojas, etc.). Usando esas observaciones, propón un reto de imaginación, y ellos podrán correr y aletear con sus alas hasta llegar a su destino.

*Finge que eres un pájaro al que le encanta comer hierba. ¿A dónde migrarías ahora? ¡Corre!* (Los niños corren hacia un lugar con hierba).

*Finge que eres un pájaro al que le gusta posarse en columpios. ¿A dónde migrarías? ¡Corre!* (Los niños corren a los columpios y se "elevan" columpiándose).

*Finge que eres un pájaro que construye su nido con ramitas y hojas. ¿A dónde migrarías? ¡Corre y haz un nido!* (Los niños corren hacia las ramitas/hojas en el suelo. Invítalos a juntar materiales y formar un "nido").

Continúa el juego todo el tiempo que quieras, usando los recursos y lugares disponibles.

## COMPLEMENTA

"Farewell to Stromness"
Peter Maxwell Davies

*Para Dios todo es posible.*
Mateo 19:26b

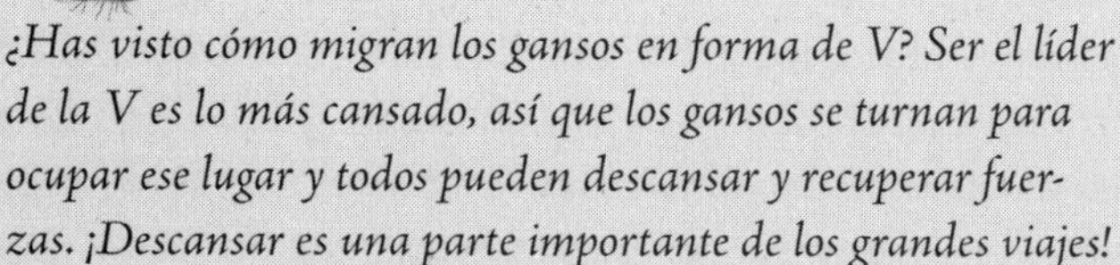

*¿Has visto cómo migran los gansos en forma de V? Ser el líder de la V es lo más cansado, así que los gansos se turnan para ocupar ese lugar y todos pueden descansar y recuperar fuerzas. ¡Descansar es una parte importante de los grandes viajes!*

# NUBE DE ALIENTO EN EL FRÍO

## PAUSA

*Lanza un soplo alegre al cielo,*
*haz un pompón de aire en vuelo.*

*Soplo frío y empañado,*
*sucede cuando el calor se ha acabado.*

*En ese choque helador,*
*se cuenta un cuento sin color.*

*Velo de vapor, se esfuma ya,*
*la neblina húmeda se va.*

## PIENSA

Cuando exhalamos, el aire está muy cálido, igual que tú allá adentro en tus pulmones, cerca de tu corazón. Prueba a respirar sobre tu mano. ¿Sientes qué tibio está? Cuando el aire exterior está frío, los pequeños fragmentos de humedad en tu aliento, que normalmente son invisibles, ¡de repente aparecen como pequeñas nubes!

Cuando puedes ver lo invisible volverse visible, o lo que no se veía que se ve de repente, nos recuerda que en nuestra vida, Dios está haciendo mucho más de lo que podemos ver con nuestros ojos.

## ORA

Señor, aunque no podamos verte, sabemos que siempre estás con nosotros... como nuestro propio aliento, que está ahí incluso cuando no lo vemos. Gracias por recordarnos que siempre estás con nosotros, dándonos vida.

## JUEGA

***Arte con neblina***

Usando la lupa de tu kit de aventuras, un pequeño espejo o una ventana/espejo en casa, invita a los niños a crear vapor sobre el vidrio exhalando lentamente. Luego, pueden divertirse dibujando diseños o figuras en su "nube" y ver cómo desaparece. Si lo deseas, puedes invitarlos a participar en la limpieza del vidrio después.

## COMPLEMENTA

*Le Carnaval des Animaux*, VII. "Aquarium"
Camille Saint-Saëns

*Ahora bien, la fe es tener confianza en lo que esperamos,*
*es tener certeza de lo que no vemos.*
Hebreos 11:1, NVI

*Los sonidos consonantes al inicio de las palabras en este poema van de duros a suaves. Diviértanse con esto juntos en el aire frío; los sonidos al comienzo del poema deberían producir nubes visibles, mientras que las nubes pueden volverse más pequeñas o invisibles a medida que se avanza hacia los sonidos más suaves al final del poema.*

# ESCARCHA

## PAUSA

*Entra al mundo escarchado,*
*entras en uno… ¡y en dos!*
*Ese árbol que conoces,*
*el frío lo amó entonces*[1]
*¡y lo duplicó!*

*Ramas envueltas en hielo,*
*pieza por pieza giró,*
*como ladrillos*
*sobre esos palitos,*
*¡un mundo de brillo formó!*

*Toma una foto en tu mente,*
*el cristal no vivirá…*
*Vendrá el calor,*
*el sol amanece reluciente*
*y rápido comenzará.*

*El hielo cruje y se quiebra,*
*y un río abajo va;*
*el mundo en dos*
*se deshará*
*¡y el primero crecerá!*

1. Con agradecimiento a Lewis Carroll, quien escribió en *Alicia en el País de las Maravillas*: "Me pregunto si la nieve ama a los árboles y los campos, ¿será por eso que los besa con tanta dulzura? Y luego los cubre bien abrigados, ¿sabes?, con una colcha blanca; y tal vez les dice: 'Duerman, queridos, hasta que vuelva el verano'".

## PIENSA

La escarcha está hecha de diminutas gotas de rocío que se congelan, extendiendo pequeños brazos de hielo para tocar los pequeños brazos de escarcha a su alrededor, hasta que todos se han unido para formar una manta gigante y brillante que envuelve todo lo que alcanza la vista, ¡como un encaje de hielo! Algo así: (*extiende los brazos y piernas como si saltaras, y tómense de las manos. Vean hasta dónde pueden llegar juntos*).

A veces la escarcha no solo se extiende sino que también se *acumula*, como cuando apilas bloques para formar una torre. Esto crea formaciones de diminutos cristales de hielo: pequeñas obras de arte que pueden producir muchísima belleza, aunque solo podamos verlas por un rato antes de que desaparezcan. Pero piensa en esto: aunque ya no estén y hayan dejado atrás toda la belleza que puedes ver, ahora producen belleza invisible al dar vida, como hacer que los árboles crezcan. ¡Incluso las cosas que duran poco pueden marcar una diferencia que dure para siempre!

## ORA

Jesús, la escarcha hace que el mundo parezca un poco mágico, como un cuento de hadas. Pero tú eres real, mejor que cualquier cuento, ¡y también lo son las cosas que haces y creas! Gracias por darnos un amor más maravilloso que cualquier historia que pudiéramos imaginar o inventar.

## JUEGA

### *Grabado en escarcha*

Busca una superficie dura pero lisa cubierta de escarcha, como una ventana, e invita a los niños a dibujar sobre la escarcha usando el calor de sus dedos o la punta de sus uñas. Ten cuidado de no rayar la superficie que está debajo.

Si no estás en una zona propensa a la escarcha o prefieres hacer esta actividad dentro de la casa, prueba esta versión:

*Materiales*

- 1 lata vacía, sin etiqueta y sin bordes filosos
- 1 cucharada de sal
- Hielo

*Instrucciones*

1. Llena la lata hasta la mitad con hielo.
2. Agrega la sal.
3. Tomen turnos para revolver el hielo y la sal dentro de la lata o ciérrenla y agítenla.
4. Observa cómo se forma una capa de escarcha en el exterior de la lata.
5. Invita a los niños a dibujar, garabatear o escribir sobre la escarcha usando sus uñas.

## COMPLEMENTA

Preludio y fuga en do mayor, BWV 846
(*El clave bien temperado*, Libro I)
Johann Sebastian Bach

*¡Cuán bueno es cantar salmos a nuestro Dios,*
*cuán agradable y justo es alabarlo!...*
*Extiende la nieve como lana, esparce la escarcha.*
Salmos 147:1, 16, NVI

# NIEVE

## PAUSA

*Pisa la nieve*
*y*
*Chapotea el charco.*

*Algunas brillan*
*y*
*otras son barro.*

*El mundo es un baile*
*de*
*ecos y susurros.*

*Gira como un copo de nieve;*
*no hay apuros...*

## PIENSA

¿Puedes sentir cómo la nieve es como una gran manta suave de silencio? Pinta el mundo de blanco, lo cubre con un susurro, y nos invita a detenernos para disfrutar. La Biblia nos dice que cuando cometemos errores o tomamos decisiones equivocadas y le pedimos perdón a Dios, Él cubre esas cosas y las hace tan blancas como la nieve que ves hoy (Isaías 1:18). ¡Qué regalo!

## ORA

Jesús, gracias porque usas el frío, las nubes y el agua para hacer pequeños copos de nieve, suficientes para cubrir todo lo que podemos ver. El mundo entero se vuelve hermoso, y cada pequeño copo de nieve, tan diferente de los demás, también es hermoso. Nos recuerda cuán grande y fuerte eres, y cuánto te importa cada detalle de nuestras vidas.

## JUEGA

La cosa más mágica que puedes hacer con la nieve es jugar libremente. ¿Recuerdas la emoción de sumergirte en un mundo cubierto de blanco y esponjoso, que podría ser moldeado y transformado en cualquier cosa? Entre los favoritos más probados y verdaderos están los muñecos de nieve, los ángeles de nieve, las bolas de nieve, los fuertes de nieve, los toboganes y escaleras de nieve, las esculturas de nieve, el trineo, atrapar copos de nieve con la boca abierta o hacer copos de nieve de papel dentro de casa.

¡Abrígate bien y diviértete! Si no tienes ropa de nieve adecuada, lleva adentro de la casa algunos tazones grandes o bandejas con nieve y deja que los niños se diviertan moldeándola hasta que comience a derretirse. Ofrece bebidas calientes después para ayudar a calentar esas pequeñas manos valientes.

### *Pintura de nieve*

Mezcla unas cuantas tazas de pintura de nieve usando colorante alimentario, agua para diluir y un poco de almidón de maíz para espesarla un poco. Los niños pueden usar pinceles para pintar sus diseños y luego hacer un "marco" alrededor con ramitas y hojas. O llena botellas exprimibles con las mezclas de pintura y haz dibujos o diseños en la nieve.

## COMPLEMENTA

Deux Arabesques, L. 66: No. 1 en mi mayor,
Andantino con moto
Claude Debussy

*Porque a la nieve dice: "Cae sobre la tierra".*
Job 37:6a, NBLA

# HIELO

PAUSA........................................................................

(Es un poema para adivinar: lee en voz alta el poema, y después permite que los niños adivinen su título).

*A veces un techo,*
*a veces un suelo,*
*sobre cuchillas derecho,*
*sobre trineos al cielo.*

*En verano canto y*
*Choco en las paredes de cristal*
*En invierno como rey me levanto*
*Del mundo hago un vidrio sin igual.*

*Soy grande como una montaña,*
*O como copos de nieve pequeños*
*Y cuando estoy cerca, vaya…*
*¡Se estremecerá y temblará tu ceño!*

*Y en el norte lejano,*
*Convierto ríos en caminos.*
*Y añado calor, nunca en vano,*
*Y creo espadas frías y con filos.*

*Los artistas me pueden esculpir,*
*O castillos también puedo crear.*
*Puedes ver a través de mí,*
*¡Aunque a veces soy azul como el mar!*

*¿Qué soy?*

## PIENSA

Cuando el mundo está tan frío que el agua se convierte en hielo, podríamos extrañar realmente algunas cosas: el murmullo de un arroyo, el rugir de una cascada, o un lago favorito donde te gusta jugar. Pero incluso en medio de la añoranza, algo nuevo está sucediendo: Dios creó el agua para transformarse en algo hermoso que solo existe en el frío... ¡y es el hielo! Hace que el mundo brille, adorna las casas con pedazos de hielo largos y puntiagudos que capturan la luz del sol, y en lugares como Alaska incluso congela algunos ríos lo suficientemente sólidos como para que grandes camiones puedan pasar sobre ellos como si fueran caminos. Nos recuerda que incluso cuando las cosas cambian en nuestras vidas, Dios siempre está haciendo algo nuevo. Podemos sentir tristeza, alegría y anticipación al mismo tiempo... ¡qué hermoso es el mundo!

(Adultos, este es un buen momento para hablar también sobre la seguridad en el hielo: el riesgo de resbalar, el peligro del hielo delgado, etc. Sigan todas las directrices locales sobre si/cuándo/cómo interactuar con el hielo).

## ORA

Gracias, Señor, por preparar cosas buenas para nosotros en cada estación del año y en cada estación de la vida. Ayúdanos a mantener los ojos abiertos con alegre anticipación de lo que estás creando y haciendo... y gracias por crearnos en este tiempo, ¡como parte de ese hermoso plan!

## JUEGA

***Faroles de hielo***

Coloca un recipiente plástico más pequeño dentro de uno más grande y ponle piedras o monedas para pesarlo. Llena el espacio entre los recipientes con agua y congélalo. Una vez congelado, haz correr agua fría sobre los recipientes hasta que el hielo se deslice fácilmente hacia afuera; deberías tener un cilindro de hielo. En una superficie segura (afuera en un camino, adentro en una fuente de vidrio, plato para pastel o tazón), coloca una vela pequeña dentro del hielo y préndela (habla sobre la seguridad de las velas con los niños).

De forma alternativa, en lugar de cilindros crea faroles con forma de cúpula llenando algunos globos con agua. En una superficie plana, colócalos para que se congelen en la nieve (o en un congelador, rodeados de un "nido" de toalla de cocina para mantenerlos de pie). Una vez que se haya formado una capa exterior gruesa de hielo, quita el "envoltorio" del globo del hielo. Si necesitas aplanar aún más la base de la cúpula, deslízala sobre una superficie caliente, como una sartén a fuego bajo. El líquido del interior del globo lo podrás drenar si lo haces antes de que se congele completamente. Prende una vela pequeña en una superficie segura y coloca la cúpula de hielo sobre ella... ¡disfruta del brillo!

Procede con precaución en cuanto a superficies y seguridad, teniendo en cuenta el peligro de incendio y el daño por agua al elegir un lugar seguro.

***Patinaje***

Encuentra un charco congelado poco profundo. Guiando a los niños con algunos consejos de seguridad, ¡déjalos girar y deslizarse! O visiten juntos una pista de hielo local en cualquier temporada para disfrutar de la magia del hielo.

## COMPLEMENTA

*Les Patineurs*, Op. 183 ("El Vals de los Patinadores")
Émile Waldteufel

*Del soplo de Dios se forma el hielo,*
*y se congela la extensión de las aguas.*
Job 37:10, NBLA

*Mira de nuevo el poema... ¿su forma se parece a un iglú?*

*Para más diversión con el hielo, busca videos o imágenes de carruseles de hielo, caminos de ríos de hielo, castillos de hielo, pesca en hielo, esculturas de hielo, hielo glacial azul, desprendimiento de un iceberg, e iglús.*

DÍA

# MAÑANA

## PAUSA

*Silencio*
*el mundo ha dormido toda la noche,*
*como en un largo viaje en bus.*
*Querido viejo mundo, nada a través de la luz.*

*E s t í r a t e*
*mis brazos han dormido toda la noche,*
*puse mis brazos en forma de cruz.*
*¡Vamos, brazos, nademos hacia la luz!*

*Salta*
*mis piernas han dormido toda la noche,*

*¡nuevamente como un largo viaje en bus!*
*¿Listas, piernas? ¡Pateen hacia la luz!*

*Luz*
*tus rayos dorados son verdad,*
*¡Ven, sol… nada en la oscuridad!*

## PIENSA

El mundo se siente bastante especial en la mañana. La luz es suave pero brillante, el aire es fresco y nuevo, ¡y tienes todo el día por delante! ¿Sabías que la luz del sol que ves viajó más allá de los planetas en el espacio exterior para llegar hasta ti en este momento? Hace poco más de ocho minutos, esa luz salió del sol, ¡y ahora está aquí, en tu rostro y en tus manos! Si Dios puede hacer que eso suceda para iluminar tu día, imagina cómo estará contigo, pase lo que pase. ¡Qué gran aventura!

## JUEGA

***Lee activamente el poema***

Vuelve a leer el poema, dando instrucciones a los niños para que lo representen mientras lo lees. Guíalos con gestos para:

"Silencio" (dedo en los labios; pueden susurrar la primera línea contigo).

"Estira" (brazos al aire, inclinándose a la izquierda y a la derecha).

"Nademos" (simular nado con los brazos)

"Salta" (saltar al ritmo del poema)

"Pateen" (patear)

"Ven, sol" (hacer un gesto de "ven aquí" con el brazo)

## ORA

Dios, así como tú iluminas el mundo con el sol, tu mundo nos dice que nosotros también podemos ser una luz para el mundo (Mateo 5:14). Por favor, llénanos de amor y alegría, y muéstranos oportunidades para ser amables con los demás, para compartir esa luz.

## COMPLEMENTA

"Gold und Silber" (Oro y plata), Op. 79
Franz Lehár

*Este es el día que el Señor ha hecho;*
*Regocijémonos y alegrémonos en él.*
Salmos 118:24, NBLA

# SOMBRA

## PAUSA

*El sol va dibujando*
*con manchas y trazos,*
*sombras largas va dejando*
*al brillar paso a paso.*

*Desde lejos se estira,*
*del espacio ha salido,*
*y su luz se retira*
*persiguiendo el sonido.*

*Choca con las cosas,*
*la luz va de vuelta,*
*saludos en sombras*
*la noche despierta.*

*"Hola, rama fina,*
*hola, dulce banco,*
*hola, torre altiva,*
*¿bailamos un tango?".*

*El sol da un salto*
*de oro al girar,*
*la sombra en su canto*
*comienza a danzar.*

*Y cuando yo miro*
*mi sombra al andar...*
*¡la luz de ese astro*
*me viene a abrazar!*

## PIENSA

¿Sabías que las sombras se forman cuando algo bloquea la luz del sol? Esa hace que la luz rebote y regrese al aire, así que no llega al suelo como el resto de la luz a su alrededor. Lo que queda se llama... ¡una sombra! A medida que el sol se mueve durante el día, las sombras cambian de tamaño, forma y dirección. ¡A veces las sombras pueden llegar a lugares a los que tú no puedes! Tal vez estás parado cerca de una pared que no puedes escalar, pero ¿sabes qué? ¡Tu sombra sí puede trepar por ella! Es un buen recordatorio de que Dios puede ayudarte a hacer cosas que crees que no puedes lograr.

## ORA

Señor, las sombras cuentan una historia hermosa. Solo pueden existir porque hay una luz grande, hermosa y brillante. Y, donde hay una sombra, ¡significa que la luz está en movimiento! Tu Palabra nos dice que tú eres la luz del mundo (Juan 8:12). Cuando tu amor llega a nuestras vidas, oramos para que otros vean cómo se extiende y hace cosas maravillosas.

## JUEGA

***Reloj de sol humano***

Elige un lugar seguro para que tu hijo se pare sobre el pavimento. Usa tiza para trazar su sombra. Regresen a diferentes horas del día para hacer lo mismo en el mismo lugar, observando juntos cómo cambian el tamaño y la dirección de las sombras. ¡Diviértanse haciendo poses chistosas! Escribe la hora del día en cada silueta, para compararlas después. También puedes ser tú quien se pare y que tu hijo haga el trazo.

## COMPLEMENTA

"La Précieuse", al estilo de Couperin
Fritz Kreisler

*Toda buena dádiva y toda perfecta bendición descienden de lo alto, donde está el Padre que creó las lumbreras celestes, y quien no cambia ni se mueve como las sombras.*
Santiago 1:17, NVI

# ATARDECER

## PAUSA

*Levanta tus ojos al caer el día,*
*el cielo despierta, trae poesía.*

*La noche se acerca, el día se va,*
*llega el atardecer, colores sin par.*

*Cintas rojizas y mares de azul,*
*rosas y púrpuras, durazno y tul.*

*El cielo susurra: "Detente, disfruta la brisa,*
*siéntate y mira, acomódate con una sonrisa".*

*¿Qué es un ocaso? Nubes, luceros,*
*rayos dorados, mares viajeros.*

*Fiel como un reloj, cada noche es un show,*
*salvaje y hermoso, jamás es igual, ¡guau!*

*Así que levanta tu vista otra vez;*
*hay un atardecer que roba el aliento... ¡ya lo ves!*

## PIENSA

Ha habido muchos, muchísimos atardeceres a lo largo del tiempo... pero nunca uno exactamente como el de hoy. El atardecer de este día nunca ha sucedido antes y nunca volverá a suceder de la misma manera, ¡y tú estás aquí para verlo! ¿No es asombroso? Pero quizás lo mejor es que mañana llegará uno nuevo, con una presentación completamente distinta de colores y formas. ¡Puede que decidas que el atardecer es tu espectáculo favorito!

## ORA

Jesús, gracias porque tú eres más fiel que el atardecer, y porque te importa tanto que has creado una presentación completamente nueva cada noche. Nos recuerda que tu misericordia se renueva cada día (Lamentaciones 3:23). ¡Gracias por deleitarnos y cuidarnos! Amén.

## JUEGA

***Captura el atardecer***

Deja que los niños salten y griten los colores a medida que los vean aparecer. Escríbelos en el patio, la entrada, la acera o la calle con tiza. Observa cómo tu lista se convierte en un "poema de lista". Titúlalo "Atardecer, [inserta la fecha]" y déjalo para que otros lo disfruten. ¡Toma una foto para guardar el recuerdo! También puedes hacer la lista en papel para disfrutarla en familia.

## COMPLEMENTA

"To a Wild Rose" de *Woodland Sketches*, Op. 51
Edward MacDowell

*¡Alabado sea el nombre del Señor*
*desde la salida del sol hasta su ocaso!*
Salmos 113:3

# NOCHE

# HORA NOCTURNA

## PAUSA

*En la noche, la luz*
*parpadea al andar,*
*con luna tan tierna,*
*con luciérnagas sin par.*

*El aire se enfría,*
*las estrellas se alzan,*
*mi alma se anima,*
*mis ojos se abrazan.*

*Y veo que aquí,*
*en la danza de la noche,*
*una canción suena...*
*todo está en calma y sin reproche.*

## PIENSA

Respira hondo. ¿Sabes qué tiene de especial eso? ¡Es el *aire de la noche*! Cuando sientas que el aire nocturno te llena, recuerda que Dios hizo la noche así como hizo el día, y que tiene historias especiales que contar. Los grillos y los búhos cantan, las estrellas brillan, y nosotros podemos estar arropados, seguros y calentitos para recibir el regalo del descanso.

## ORA

Dios, gracias por hacer la noche. Gracias por este tiempo para descansar y soñar, y porque sabemos que tú estás aquí con nosotros igual que durante el día. Nada puede cambiar eso. Tú haces cosas buenas y hermosas, y la noche también nos lo muestra. Esta noche te pedimos un descanso dulce, seguro y en paz.

## JUEGA

### *Abraza la noche*

Lleva a tu hijo a una ventana abierta, o sal con él afuera. Envuélvelo en una manta para que se sienta calentito y seguro a tu lado. Incluso podrías ponerle una taza de té de hierbas o chocolate caliente en las manos para un toque extra de consuelo.

Pregunta: "¿Cómo te sientes dentro de esa manta?" (*caliente, cómodo, seguro, etc.*). "¿Sabías que Dios dice que la oscuridad es como una manta sobre el mar? (Job 38:9: *Cuando yo cubrí el mar de nubes blancas, y lo envolví en una densa oscuridad*). En la noche, muchas olas se calman porque el viento también se tranquiliza, ya que la tierra se enfría después de un largo día. ¡Es casi como si las olas y el viento también tuvieran sueño! El aire nocturno tiene algo especial. Una manta de calma sobre la creación... y eso nos incluye a nosotros también".

Esta actividad se puede hacer cualquier noche, pero puede ser especialmente útil si un niño tiene dificultades para dormir o siente miedo de la oscuridad o de la noche.

## COMPLEMENTA

*Sonata Claro de Luna:* I. Adagio sostenuto
Ludwig van Beethoven

*Para algo más ligero:*

*Nocturno en mi bemol mayor,* H. 24
John Field

*Tuyo es el día, tuya también es la noche.*
Salmos 74:16a

# A LA LUZ DE LA LUNA

## PAUSA

*Hora de plata*
*Brilla la luna*
*Profunda en la oscuridad.*

*Tiempo de calma*
*La luz se esfuma*
*Contorneando la humedad.*

*Sombras suaves*
*Grillos cantan*
*En la noche y la claridad.*

*Instrumentos*
*Cosas pequeñas*
*Dan vida a la canción sin cesar.*

*Senderos giran:*
*Amables, brillan,*
*Rebotan la luz solar.*

*Hora de plata*
*Brilla la luna*
*Tesoro en la oscuridad.*

## PIENSA

¿Sabías que la luna no tiene luz propia? Refleja la luz del sol para nosotros, incluso cuando el sol ya ha viajado lejos, al otro lado del mundo. Mientras aquí es de noche, allá es de día, y la luna toma prestada esa luz del día para enviártela justo aquí, en la noche.

Dios la llama "testigo fiel en el cielo" (Salmos 89:37). Un testigo es alguien que dice la verdad, y la luna siempre nos está diciendo que el sol todavía brilla en algún lugar, y que la mañana está por llegar.

Si Dios puede hacer algo así, ¡entonces puede hacer cualquier cosa!

## ORA

Gracias, Dios, por crear la luna. Nos recuerda que el día siempre llega, y que tú has hecho una manera de que tengamos luz incluso en la noche. Te pedimos que bendigas a quienes están despiertos en otras partes del mundo con un día maravilloso, y a los que —como nosotros— ya se les terminó el día, bendícelos con descanso esta noche.

## JUEGA

***Detección de reflejos***

Siéntate junto a tu hijo y pídele que sostenga un espejito frente a sí. Jueguen con el espejo en distintos ángulos, dejando que vea tu cara reflejada en él y que reaccione al ver su rostro, aunque estén lado a lado y no se miren directamente. Hagan muecas, caras divertidas o sorprendidas.

Pregunta: "¿Estás mirando hacia mí o hacia el espejo?". (*Al espejo*). "¡Pero aún puedes verme! Eso es justo lo que hace la luna con la luz del sol. Aunque ahora no podemos ver el sol directamente, sí podemos ver su luz gracias a que la luna la refleja hacia nosotros, ¡como un espejo!".

## COMPLEMENTA

*Clair de Lune*, L. 32
Claude Debussy

*Y Dios hizo las dos grandes lumbreras: el sol, para ser el rey del día, y la luna, para ser la reina de la noche. Además, hizo las estrellas.*

Génesis 1:16

# VER LAS ESTRELLAS

## PAUSA

*

*El sol se va*
*Se va la luz*
*Luz que aparece*
*Aparece y lo ves tú.*

**

*Oscuridad profunda*
*Profunda noche*
*Noche que cae*
*Cae brillante.*

***

*Estrellas salen*
*Salen al espacio*
*Espacio en el cielo*
*Cielo de gran espacio.*

****

## PIENSA

¿Alguna vez has jugado a lanzar y atrapar una pelota? Después de que la pelota sale de tus manos, pasa un tiempo antes de que viaje por el aire y llegue al lugar donde aterriza, ¿verdad?

La luz de las estrellas funciona igual. Cuando una estrella emite luz, tarda mucho tiempo en llegar a la tierra. De hecho, algunas estrellas están tan lejos que su luz puede tardar cientos o incluso miles de años en llegar aquí. A veces, eso significa que la luz que estamos viendo proviene de una estrella que ya se ha apagado, ¡pero su luz sigue viajando hasta ti!

¿Luz de una estrella que ya no brilla, encontrándote en este mismo momento? ¡Qué milagro poder verla!

## ORA

Dios, tu Palabra dice que cuando pensamos en las estrellas, recordamos cuán grande eres tú, cuán pequeños somos nosotros y, sobre todo, cuán inmenso es tu amor por nosotros (Salmos 8:3-9). ¡Gracias por tu gran amor y poder, y por darnos la luz de las estrellas para recordar que nada es imposible para ti.

## JUEGA

***Búsqueda de constelaciones***

Detecten y nombren sus propias constelaciones. Dibuja lo que veas en tu cuaderno de naturaleza y anota la fecha. Si repites esta actividad con el tiempo, podrás observar junto a tu hijo cómo el cielo cambia según la estación. ¡Inventa historias que acompañen las formas que ves en el cielo: ¡tu propia historia familiar sobre las estrellas!

*Consejo:* aunque las noches de verano pueden ser más templadas para observar las estrellas, si tienes niños pequeños que normalmente duermen antes de que las estrellas se vean con claridad, considera las noches de invierno. Oscurece más temprano, pueden abrigarse bien para mantenerse calientitos, y luego disfrutar de té o chocolate caliente para hacer que la experiencia sea aún más memorable.

## COMPLEMENTA

*Looking Upward:* "Beneath the Southern Cross"
John Philip Sousa

*El Señor creó todas la estrellas del cielo,*
*y a cada una le puso nombre.*
*Nuestro Señor es grande y poderoso.*
Salmos 147:4-5a

***La cadena de versos*** *es un poema en el que la última palabra de una línea también se usa como la primera palabra de la siguiente línea. Hace que parezca que las líneas se están sosteniendo las manos. ¡Prueba hacerlo juntos y diviértanse!*

# FINAL DEL VIAJE

...POR AHORA

# IR A CASA

## PAUSA

*El hogar es un lugar para estar:*
*Cuatro paredes, un corazón, o una canción.*
*Regresa después de viajar*
*Y deja el apuro al pasar*
*Tu hogar te va a asombrar.*

*Hoy vimos muchas alegrías*
*Tesoros que alumbran nuestros días*
*Estas vistas y esta historia*
*Estos destellos de gloria*
*Muestran milagros cada día.*

*Hablan de un amor que descendió*
*Caminó en la tierra, un Rey que nos amó*
*Nació para sanarnos de verdad*
*Él gobierna con bondad*
*Mientras el mundo vueltas y vueltas dio.*

*El hogar es el corazón de Dios, y allí estás*
*Él te sostiene, lleno de historia y paz*
*Porque dondequiera que vayas*
*Él irá contigo sin más*
*Y donde sea que estés*
*Nunca estarás lejos de Él*
*Y donde hayas estado*
*Ahora estás aquí con el amado...*

*Él te ama aquí; tú perteneces a su paz.*

## PIENSA

¿Te sientes cansado después de nuestra maravillosa aventura de hoy? Es un cansancio bueno, y significa que hemos visto y hecho mucho, descubierto cosas nuevas, y nos hemos divertido. Dios creó la aventura para que pudiéramos explorar, aprender, divertirnos, y ver cuán bueno y poderoso es Él. ¿Qué fue lo que más te gustó de lo que viste hoy? Tomemos un tiempo para agradecerle a Dios por ello.

## ORA

Amado Dios, gracias por ser nuestra torre fuerte. Gracias porque, donde sea que vayamos, nuestro hogar está en tu corazón. Gracias por las aventuras y gracias por el descanso. Gracias por [*insertar las cosas que tu hijo mencionó en la sección de Piensa*]. ¡Nos diste alegría hoy a través de tu creación! Queremos traerte alegría también. Por favor, llénanos con tu amor y bondad mientras aprendemos y crecemos.

## JUEGA

### *Mantener la maravilla*

Al regresar a casa, crea una tradición especial para "procesar" los tesoros que hayan traído de vuelta. Coloca las hojas en tu prensa (o entre libros pesados, en su propio papel o papel encerado), o pégalos a tu guirnalda de maravillas, o agrega piedras, piñas, caracolas, ramitas, etc., a tu creciente colección en el frasco de maravillas, o pon rocas y ramitas en el borde de un camino, un jardín, o una cama de flores en tu patio que estés forrando lentamente con recuerdos de tus aventuras.

También enséñales a los niños el hábito de que tan pronto como regresen, cuelguen sus chaquetas, se laven las manos, tomen sus materiales de arte en casa o su diario de naturaleza, y se dirijan a la mesa o a otro lugar favorito para dibujar algo que les encantó de su aventura de hoy mientras disfrutan de un bocadillo.

Estas tradiciones pueden ayudar a agregar un sentido de pertenencia y propiedad a las aventuras que tenemos, y se basan en la energía y el tiempo invertido al permitir la reflexión, la meditación y la creatividad. Esto también puede crear una sensación de anticipación por la próxima aventura y un aire de descanso y pertenencia al simple acto de llegar a casa.

## COMPLEMENTA

Sinfonía No. 9, Op. 95: II. Largo (Goin' Home)
Antonín Dvořák (arreglado por Fischer)

*El Señor va delante de ti. Él estará contigo,*
*y no te dejará ni te desamparará.*
Deuteronomio 31:8

# OTROS RECURSOS

## MARAVILLA EN LO SALVAJE

Si te aventuras en paisajes que invitan a explorar con las manos una vez que tus hijos ya están listos para salir del cochecito, a veces puede parecer abrumador. Hay muchos riesgos allá afuera, ¿cómo podemos mantener a los niños a salvo?

Aunque hay muchos factores que influirán en cuándo, y si es el momento adecuado para buscar lugares un poco más salvajes, nosotros como cuidadores a menudo nos encontramos diciendo dos palabras: "¡Ten cuidado!".

Siempre que sea posible, aprovecha la oportunidad para ayudar a tu hijo a identificar y reconocer los riesgos, y hablar sobre lo que realmente significa tener cuidado. De este modo, en lugar de repetir "ten cuidado" tan a menudo que pueda volverse "invisible" para nuestros hijos, estaremos equipándolos con preparación, cautela, valentía y resolución de problemas.

Por ejemplo, antes de entrar en una zona boscosa, podrías arrodillarte a su altura y guiarlos para que miren hacia arriba, hacia abajo y alrededor. Haz preguntas como: "¿Ves algo que pueda caer? ¿Y algo con lo que podríamos tropezar? ¿Qué animales crees que podrían vivir aquí?". Usa un tono de curiosidad, para fomentar la conciencia en lugar del miedo.

Sigue esas preguntas con otras como estas: "¿Cuáles son algunas maneras en que podemos cuidar esos riesgos? ¿Cómo podemos asegurarnos de quedarnos juntos en el bosque? ¿Qué pasa con ese arroyo allá? Sabemos que puede ser peligroso, pero ¿hay maneras más seguras de disfrutarlo?" (*mirándolo desde la distancia, escuchándolo, viéndolo de cerca mientras sujetamos la mano de un adulto, etc.*).

Sabrás lo que es adecuado para ti y para los niños a tu cargo. Por favor, no sientas la necesidad de aventurarte en un lugar donde la alegría del viaje se vea opacada por los riesgos; siempre hay un lugar adecuado para tus necesidades en cada estación. Sin embargo, anímate sabiendo que a medida que los niños crecen y son capaces de reflexionar sobre algunas de estas cosas con tu guía, tus horizontes pueden ampliarse y la aventura puede vivirse con cuidado, incluso cuando hay variables en juego.

## MARAVILLAS EN EL MAL TIEMPO

Si vives en un área con frío o calor extremo que te obliga a quedarte adentro, ¿por qué no invitar a la naturaleza a tu hogar?

- Crea una versión de tu kit de aventuras para los "meses de hibernación", con materiales para observar e interactuar con la naturaleza dentro de la casa: masa de sal o cualquier otra arcilla lista para moldear, pegatinas, cuadernos de bocetos o diarios, revistas para rasgar/cortar y hacer colajes, lápices de colores, marcadores u otros materiales artísticos de tu elección. Incluye materiales que agreguen un toque de novedad y ayuden a alegrar estos meses.
- Coloca un comedero para pájaros. Invita a los niños a hacer un dibujo de lo que ven, o hagan una lista de observaciones juntos, como los colores de los pájaros, la hora del día en la que se acercan, la estación en la que llegaron, cuándo los ves con más frecuencia (necesitan más comida cuando están construyendo sus nidos o recolectando comida para

sus crías). Escriban juntos una historia sobre uno de ellos, y pónganles nombres. Imagina lugares en el vecindario que podrían visitar hoy. Proporcionales prismáticos o incluso un pequeño telescopio estilo catalejo para dar un toque extra de aventura. Reproduce cantos de pájaros como ruido blanco de fondo. Mantén una guía de aves a mano para identificar especies y profundizar en el aprendizaje y la observación.

- ¡Visita la vida salvaje en interiores! Pasa tiempo en un refugio local de animales, santuario de animales, o un establo cercano (asegúrate de llamar con anticipación para ver si aceptan visitantes). O visita un zoológico, acuario, reserva de animales salvajes o un invernadero (muchos tienen estanques con peces). Lleva un diario de naturaleza para dibujar lo que ves.
- Compra una granja de hormigas o crea una por ti mismo. Para la opción de bricolaje, busca instrucciones en www.wonderwoodadventures.com (sitio web en inglés), donde también encontrarás consejos sobre cómo manejar las preguntas sobre hormigas que han llegado al final de su ciclo de vida. Consulta libros en la biblioteca (sí, los libros físicos pueden ser otra gran experiencia) sobre la vida de las hormigas para seguir lo que están haciendo.
- Haz un "campamento" en casa. Extiende sacos de dormir en el suelo de la sala, construye un fuerte de mantas, o incluso levanta una tienda de campaña en el interior. Observa las estrellas desde las ventanas o desde afuera si el clima lo permite. Haz malvaviscos (bajo supervisión) sobre una vela, en un microondas, o usando un kit de malvaviscos para interiores. Juega juegos, haz marionetas de sombra, cuenta historias, lee libros, haz una búsqueda del tesoro en interiores,

prepara un desayuno especial, y disfruta de los recuerdos durante muchos años.

- Sumérgete en la naturaleza y la maravilla dentro de las páginas de libros ilustrados. Después de haber notado lo que captura la imaginación de tu hijo durante tus aventuras, busca títulos que traten esos temas o criaturas. Mantén una cesta de libros a mano y vuelve a leerlos a menudo para aprovechar la sensación de familiaridad y propiedad que aporta la relectura. Detente en las ilustraciones juntos, deja que los niños tengan una "hora interactiva de historias" dibujando o pintando lo que escuchan, o dondequiera que su imaginación los lleve. Saca la masa de modelar y esculpe una criatura, escena u objeto del libro.
- Comienza un jardín de hierbas y colócalo cerca de una ventana, cuídalo y cultívalo. Usa algunos de los ingredientes para una noche de pizza familiar, sazonando tu salsa o cubriendo la pizza con tu cosecha cultivada en casa.

## PREGUNTAS DE CURIOSIDAD

Es natural hacer preguntas a tus hijos para invitarlos a observar y pensar. Al hacerlo, procura formular preguntas que sean más de "curiosidad" que de "examen". Recuerda que el objetivo de las *Preguntas de Curiosidad* es indagar e inspirar, no interrogar ni evaluar.

### EN LUGAR DE...

***¿De qué color es ese insecto?***

(Esta pregunta solo genera una respuesta de una palabra. Es una pregunta válida de vez en cuando y en ciertas etapas del crecimiento, pero ofrece una experiencia limitada).

## PRUEBA CON...

***¿Qué observas sobre ese insecto?***
(De esta manera, puedes hablar sobre el color y también sobre muchas otras cosas que tus hijos observen, ¡cosas en las que quizás ni siquiera habías pensado! Cómo camina, sus antenas chistosas, etc. Es una pregunta abierta, en lugar de contestar con una sola palabra).

Las Preguntas de Curiosidad invitan a reflexionar, observar y conversar más. Anima a tus hijos a que también hagan preguntas, para ayudarles a desarrollar habilidades conversacionales. Pregunta: "¿Qué te emociona de esta pluma?". Escucha sus respuestas y conversen juntos, y entonces enséñales: "¿Quieres saber qué noté yo? ¡*Tú* puedes ser quien haga la pregunta de curiosidad! Solo di: '¿Qué te emociona de esto?'". Con el tiempo, sabrán cómo hacerlo y necesitarán menos ayuda.

Algunos inicios para Preguntas de Curiosidad:

- ¿Qué observas sobre...?
- ¿Qué te emociona de...?
- ¿Cómo crees que ocurrió esto? (nido, formación de arena, etc.)
- ¿Qué crees que hará hoy ese [nombre del animal]?
- ¿Cómo crees que te sentirías ...?

## CUANDO TE PREGUNTAS SI DEBERÍAS...

A veces puede ser tentador pensar que las salidas para maravillarse son triviales, especialmente en medio de eventos difíciles, ya sean a nivel mundial o en lo personal o familiar. En esos días, si te preguntas si deberías salir y si hacerlo sería una falta de respeto o algo trivial, ¿puedo ofrecerte una suave invitación a aventurarte a ese espacio de maravilla de todos modos?

Probablemente resulte ser justamente lo contrario de tus preocupaciones. En lugar de trivializar algo, estar en la creación de Dios puede ayudar a aportar perspectiva, consuelo y esperanza. Tu decisión de hacer algo para sembrar esas cosas es un acto silencioso pero valiente de desafío contra la oscuridad. Avanza en ese camino y haz ese buen trabajo, incluso en los momentos difíciles.

Pero hazlo con un espíritu de gracia, recordando que en este camino de asombro no hay expectativas ni requisitos. Sáltate el poema y las actividades si lo deseas, si el tono alegre no encaja con el día. Pero sal afuera, y puede que descubras que hay consuelo en ver las huellas ya familiares de la obra de Dios, las verdades que hemos explorado en este libro: que Él está aquí. Él es poderoso. Él es tierno. Él está cerca de los que tienen el corazón roto. Y Él está presente en tu hora de necesidad. Está derramando evidencia tras evidencia de que sostiene tu corazón muy cerca, y también los corazones de tus pequeños. Si te estás "preguntando si deberías", este puede ser el momento exacto para hacerlo. Un acto de esperanza, justo cuando más se necesita. A veces, la maravilla se ve como alegría... pero otras veces se ve como consuelo, justo cuando parece imposible.

*Señor, digno eres de recibir la gloria*
*y la honra y el poder; porque tú creaste*
*todas las cosas, y por tu voluntad*
*existen y fueron creadas.*

Apocalipsis 4:11, RVR-60

# NOTAS DE CAMPO

UN LUGAR PARA ESCRIBIR CITAS, RECUERDOS, EXCURSIONES

# ACERCA DE LA AUTORA

**AMANDA DYKES** es la ganadora del prestigioso premio Christy Award 2020 al Libro del Año, una de las autoras destacadas en la lista de los Diez Mejores Debuts Románticos de 2019 según *Booklist*, y ganadora de un premio INSPY por su primera novela *Whose Waves These Are*, así como por sus otras novelas, incluyendo *Set the Stars Alight*, el libro que despertó por primera vez en ella el espíritu del regalo de la maravilla de Dios como un medio para combatir la oscuridad y extraer esperanza. Exprofesora de inglés, Amanda es bebedora de té, habitante de la redención, y tejedora de historias llenas de esperanza, que pasa la mayor parte de sus días persiguiendo la maravilla y las palabras junto a su familia. Puedes encontrarla en www.amandadykes.com.